La responsabilité de protéger

Nouvelle approche du droit international

Gyscard GANDOU d'ISSERET

La responsabilité de protéger

Nouvelle approche du droit international

L'Harmattan - Congo

5-7, rue de l'Ecole-Polytechnique, 75005 Paris

http://www.harmattan.fr
diffusion.harmattan@wanadoo.fr

ISBN : 978-2-343-06724-7
EAN : 9782343067247

A

Noel, Albert, Driss, Grégoire, Henri,
Maryse, Jean Claude, Iko et Christine...
ma grande reconnaissance.

Introduction

Le XXe siècle aura sans doute été le siècle le plus tumultueux de l'histoire de l'humanité. Les deux guerres mondiales sont des preuves probantes. C'est au cours de ce siècle en effet que la carte géographique du monde a connu le plus de transformations et de mutations du fait de la guerre et de l'emploi des moyens de destruction les plus importants de toute l'histoire humaine.

Avec la dislocation des deux blocs – l'Est et l'Ouest – l'humanité a espéré en l'avènement d'un nouvel ordre mondial marqué par un climat de paix, l'équilibre et l'entente entre les Etats. L'éclatement des guerres, des conflits de toutes sortes et les tensions qui se sont enchaînés depuis le démantèlement du mur de Berlin ont largement démenti cet idéal d'un monde ainsi uni et pacifié.

En revanche, l'humanité a acquis au cours de ces dernières décennies un sens si fort du respect des droits de la personne humaine que l'on tend à arrimer la protection des droits humains au principe de souveraineté des Etats. L'évolution des droits de l'homme force même la reconnaissance d'un droit dit « d'ingérence humanitaire », puisque l'on tend en fait à faire prévaloir dans les relations interétatiques l'ingérence humanitaire comme une obligation d'assister et d'apporter de l'aide aux personnes victimes des catastrophes et des conflits de toutes sortes.

Attendu qu'un tel droit pose dans les faits quelques problèmes majeurs à savoir, la nécessité morale et juridique (droit) de secourir les personnes en détresse et la possibilité éventuelle (nécessaire dans certaines conditions) d'intervenir dans les territoires en outrepassant le principe de souveraineté, l'enjeu dans notre réflexion est de nous interroger sur les fondements et la légitimité d'une telle démarche. Est-il en effet fondé d'engager une intervention dans le cadre humanitaire en outrepassant le principe de souveraineté des Etats ? Quelle base juridique pourrait-on donner à cette démarche puisque le droit international prescrit le principe de souveraineté comme la norme dans l'agir international. Du reste, il nous semble que le concept de « droit d'ingérence humanitaire » manque de validité juridique. Aussi voudrions-nous le substituer par un autre concept plus adéquat : la responsabilité de protéger.

Cette nouvelle option de gestion et de résolution des crises et des conflits ordonnée à la norme éthique fait que l'action humanitaire cesse de paraître comme une sorte d'entreprise de philanthropie cynique dont un versant consiste à secourir l'homme en détresse et l'autre à exploiter sa situation de détresse.

En faisant prévaloir le sens de la responsabilité sur l'impératif de l'interventionnisme, nous voudrions donc inscrire dans l'agir humanitaire le sens éthique.

L'état quasi-permanent des conflits dans le monde et les violations de plus en plus massives des droits des personnes poussent à l'examen des facteurs qui rendent possibles ces crises et exigent de trouver les moyens et les actions appropriés pour protéger le mieux possible la personne humaine. L'option préférentielle pour le pauvre, le faible et le nécessiteux dans notre monde de plus en plus violent, calculateur, insensible et oppresseur nous paraît tout à fait légitime.

Partant, notre réflexion est aussi une analyse critique sur la manière dont les interventions humanitaires sont engagées. Nous travail s'articule ainsi autour de trois points essentiels : les défis du monde actuel en matière de sécurité et de préservation des droits humains, l'évaluation des solutions proposés pour promouvoir une action humanitaire responsable et l'esquisse des nouvelles approches du droit international.

Chapitre premier

TRANSFORMATIONS ET MUTATIONS DU CONTEXTE INTERNATIONAL

Les relations entre les peuples tout comme entre les Etats ont connu depuis environ un siècle de profonds changements. Elles ont fait naître de nouveaux défis et suscité en même temps de nouvelles attentes. Au sortir des deux guerres mondiales par exemple, le souci de créer des mécanismes de stabilité normative à l'échelle universelle avait entraîné la création de nombreuses institutions internationales. L'évolution des relations entre les Etats a conduit progressivement à leur assigner de nouveaux buts. C'est ainsi que face aux nouvelles manifestations de violence sous la forme de terrorisme, de génocide et autre, la communauté internationale s'est vue obligée de créer de nouveaux mécanismes de contrôle et de gestion des conflits. Les violations de plus en plus massives des droits humains ont conduit à l'établissement de nouveaux procédés de protection de la personne humaine.

Dans notre contexte actuel où le respect des droits de l'homme est devenu un enjeu majeur pour la communauté internationale, la question de l'intervention internationale en vue de protéger les vies humaines menacées dans les conflits armés, les catastrophes naturelles et toutes les autres formes d'atteintes aux libertés fondamentales fait aussi l'objet d'une attention particulière. Et ce, dans un contexte particulièrement pluraliste qui fait intervenir des acteurs aussi bien étatiques que non étatiques.

Relevons au passage que depuis la fin de la guerre froide, la communauté internationale tout comme les institutions internationales lie les problèmes de paix, de sécurité et des droits de l'homme à ceux de développement durable du point de vue global[1].

1. Les conflits et les situations de détresse dans le monde

Un regard global sur l'état de notre planète laisse voir que notre monde est travaillé par plusieurs logiques. Du point de vue de la dynamique historique, le monde est passé du dualisme géostratégique Est-Ouest à une opposition géoculturelle Nord-Sud au sortir de la guerre froide. Du point de vue de la cartographie des conflits, l'on pourrait tracer une ligne rouge depuis les frontières de la Chine, elle encercle une grande partie de l'Extrême et du Proche Orient (Israël, Palestine, Afghanistan, Syrie, Iran), descend jusqu'en Afrique en la divisant en deux blocs – la bande autour du Sahara (Tchad, Soudan, Mali, Nigeria, Lybie) et le cœur de la l'Afrique (RDC, Centrafrique) – et gagne le sud de l'Amérique.

L'état actuel du monde est ainsi marqué par des foyers de conflits particulièrement vifs. La nouvelle donne mondiale succédant à la guerre froide avait poussé certains analystes à tirer la conclusion selon laquelle l'humanité tendait vers la fin de l'histoire et

---

[1] Cf. Rapport de la Commission internationale de l'intervention et de la souveraineté des Etats. La responsabilité de protéger, Ottawa, CRDI, décembre 2001, p. 3

l'établissement d'un nouvel ordre mondial. F. Fukuyama[2] estimait en effet qu'avec la chute du Mur de Berlin, l'Occident avait triomphé de ces principaux rivaux idéologiques et se voyait en position de force pour imposer le libéralisme et la démocratie comme des nouveaux modes de gouvernement. Le déferlement des nouveaux types de violence à travers le monde avec le regain surtout du terrorisme avait fini par démentir ses prévisions. On a dû élaborer d'autres paradigmes pour expliquer la nouvelle dynamique mondiale. C'est ainsi que S. Huntington a avancé la théorie du « choc des civilisations[3] ». De son point de vue, depuis la fin de la guerre froide, ce ne sont plus les idéologies politiques ou encore les affrontements entre les blocs antagonistes qui sont à l'origine des conflits et des alliances stratégiques mais bien les identités et les unités civilisationnelles. Il estime en effet que le monde est composé de différents ensembles de civilisations qui interagissent et rendent en définitive compte de la dynamique mondiale. Ce ne sont plus les Etats qui s'affrontent entre eux mais les civilisations comprises comme « le mode le plus élevé de regroupement et le niveau le plus haut d'identité culturelle dont les humains ont besoin pour se distinguer des autres espèces ». La civilisation se définit ainsi par « des éléments objectifs comme la langue, l'histoire, la religion, les coutumes, les institutions et par les éléments subjectifs d'auto-identification [4] ». La géographie du monde post-guerre froide est donc multicivilisationnelle. Dans ce contexte, la politique locale est celle de l'ethnie, la

---

[2] Cf. F. Fukuyama dans son article « La fin de l'Histoire ? »

[3] S. P. Huntington, *Le choc des civilisations*, Paris, Ed. Odile Jacob, 2000.

[4] Cf. S. P. Huntington, *op. cit.* p. 47

politique globale découle, elle, de l'interaction entre les grandes civilisations.

La rationalité échiquéenne mondiale rend donc compte d'un fait particulièrement nouveau. En cessant peu à peu d'exercer sa suprématie sur le système international, l'Occident a laissé libre champ à des nouveaux déterminants de la politique internationale alors que sa politique a été jusque-là de vouloir imposer au reste des continents son idéal politique, économique et culturel. Or les pays qui ont tant soit peu emprunté ses savoir-faire se sont gardés de s'occidentaliser. Ils ont opéré des sélections suivant leurs attentes les plus urgentes en se gardant de reproduire idéalement le schéma européen. Différents Etats et groupes d'Etats se sont ainsi modernisés sans pour autant s'occidentaliser sinon qu'en se modernisant, ils ont renforcé l'attachement à leur civilisation propre. La pertinence des observations de Huntington est incontestable. Mais bien d'autres facteurs méritent aussi d'être pris en considération. Et c'est à raison que nombre d'observateurs de la politique internationale font remarquer que les facteurs économiques ne sont pas sans influence dans le déplacement progressif du pôle d'influence de l'Occident vers l'Asie. Le mérite néanmoins des observations de Huntington est d'avoir signalé le poids des données religieuses et culturelles dans la compréhension de la géopolitique mondiale.

De nombreux analystes voient dans l'affaiblissement quasi-général de l'Etat rendu visible par le déclin de l'autorité gouvernementale, l'avènement d'un état chaotique. C'est ainsi que l'enchaînement et la logique des conflits qui agitent monde échappent aux schémas prédéfinis. Les conflits surgissent un peu partout dans le monde à des intervalles réguliers parfois non. Il n'y a qu'à considérer la situation au Proche-Orient entre l'Israël et la Palestine, les conflits en Irak, en Afghanistan, en Irak, en Iran, au Mali, au Soudan, en Centrafrique et à l'Est de la RDC. On peut considérer aussi le climat de tension entre les deux Corées qui date de plusieurs décennies sans oublier les tensions entre l'Union soviétique et les Etats séparatistes. Il faut ajouter le climat d'insécurité provoqué par les actions terroristes de par le monde (Nigéria, Syrie) et les troubles politiques qui naissent des mécontentements ou des soulèvements des populations (printemps arabe) ainsi que les crises sociopolitiques qui surgissent des coups de force (Côte d'Ivoire, Egypte) ou des affrontements entre les fractions armées (Centrafrique). Tous ces conflits sont autant de situations qui rendent compte de l'état de détresse et d'instabilité dans le monde.

Ces conflits et guerres ont fort heureusement fait prendre conscience de l'intérêt de protéger au mieux la personne humaine, son intégrité physique et morale.

En effet, les conditions de vie de l'homme moderne du point de vue social et culturel ont qualitativement changé et ce, au point que l'on peut parler d'un nouvel âge de l'histoire humaine[5]. Cependant, ce nouvel âge vers lequel tend l'histoire a lieu dans un climat marqué par les désordres de toutes sortes. Tout se passe comme si, en même temps que les hommes déploient des efforts pour parvenir à un état moral satisfaisant, les guerres de plus en plus meurtrières s'enchaînent partout à travers le monde. C'est donc à raison que le magistère de l'Eglise observe que « la complexité de la situation actuelle et

[5] Concile Vatican II, *Gaudium et spes*, 1965, n° 54.

l'enchevêtrement des relations internationale permettent que, par de nouvelles méthodes insidieuses et subversives, des guerres larvées traînent en longueur. Dans bien des cas, le recours aux procédés du terrorisme est regardé comme une nouvelle forme de guerre[6]». En effet, « les douleurs et les angoisses des guerres tantôt dévastatrices et tantôt menaçantes pèsent encore si lourdement sur nous »[7].

On arrive ainsi à la conclusion que la paix n'est pas une simple absence de guerre. Elle n'est pas non plus un pur équilibre entre les forces adverses. Elle est moins encore l'œuvre d'une domination despotique. La paix est fondamentalement « œuvre de justice ». Fruit d'un ordre inscrit dans la nature humaine par son divin ordonnateur, la paix ne peut être instaurée que par des hommes qui aspirent à une justice plus parfaite.

Du point de vue donc de l'Eglise, le seul moyen efficace pour freiner et corriger la propension à la violence est de prendre au sérieux les droits des gens et le respect des principes universels de droit. Quelles que soient ses modalités, la violence surgit toujours au détour d'une loi morale ou d'un principe juridique.

2. La question de la sécurité dans le monde

L'état de conflit et de guerre dans le monde fait l'objet d'une sérieuse réflexion depuis un certain temps. Tout l'enjeu de la réflexion est de savoir comment protéger au

---

[6] Concile Vatican II, *op. cit.* n° 79

[7] Concile Vatican II, *op. cit.* n° 77

mieux les populations de la violence, des troubles sociopolitiques et des conflits de toutes sortes.

L'insécurité et la prolifération des conflits armés ont de plus en plus leurs causes dans les mouvements de revendication des droits politiques. Dans la plupart de cas, ces mouvements de revendications sont réprimés par la force. Face à ce déferlement de violence de la part surtout des Etats, les organisations non gouvernementales se sont fixées pour objectif majeur, la défense des droits des personnes. Partant, une nouvelle appréciation de la gouvernance et du principe de souveraineté des Etats a pris forme. Le respect des droits humains à l'intérieur des Etats est devenu un critère essentiel d'appréciation de la bonne gouvernance. Par le même coup, la notion de sécurité s'est vue elle aussi réévaluée. Elle s'étend dorénavant au bien-être matériel et moral de l'individu.

La faiblesse des structures et des institutions étatiques en accroissant les difficultés d'édifier des Nations au sens fort du terme a souvent amené des fractions armées à contrôler une partie des ressources des pays en tant qu'ultimes moyens de pression pour changer la donne politique. Ce rapport de force a souvent entraîné des pertes humaines incalculables ainsi que des violations massives des droits humains.

Par ailleurs, les Etats peu structurés ou autoritaires sont souvent à l'origine des désordres qui ont lieu à l'intérieur même de leurs frontières. Les progrès techniques et le développement des moyens de communication font que les conflits armés atteignent un niveau destruction remarquablement important. Les populations civiles, prises pour cibles, connaissent d'immenses atrocités. Et le contexte dans lequel se déroulent tous ces conflits n'offre guère d'opportunités pour intervenir d'autant plus que les Etats à qui reviennent la mission suprême de protéger les populations se trouvent eux-mêmes impliqués dans ces conflits. Dans le cas où ils ne les sont pas, ils manquent souvent de moyens de contrôle de la violence et des ressources qui alimentent ces conflits. De fait, les populations se trouvent exposées aux pires atrocités.

Dans le cas où les Etats disposent encore d'une certaine autorité, il arrive que cette autorité soit surexploitée. C'est ainsi que certaines manifestations politiques sont contrées avec une grande agressivité. Des gouvernements exercent de forts mécanismes de contrôle pour conforter leur pouvoir autoritaire. Heureusement que les progrès réalisés dans le domaine des communications permettent aujourd'hui aux hommes de se sentir plus que jamais solidaires. C'est ainsi que les hommes des quatre coins du monde se trouvent franchement liés entre eux, vivant en temps réel les peines et les joies, les souffrances et l'espérance de tous à l'avènement d'un monde plus pacifié et uni. Partant, une situation de détresse qui survient dans un coin du monde ne laisse plus indifférent.

La communauté internationale est de plus en plus sensible à ce que l'on peut appeler aujourd'hui la violence injuste. C'est pour quoi elle s'attèle à mettre en place des mécanismes de contrôle et de prévention des conflits. Le déferlement de la violence prend parfois des propensions si importantes que la seule manière pour en limiter les effets est d'engager une intervention. C'est ce qui s'est passé il y a quelques années dans les Balkans, en Bosnie et au Kosovo. Et on sait à quel point l'attentisme a causé des pertes incalculables au Rwanda.

3. La question des droits de l'homme

La question des droits de l'homme est devenue une préoccupation majeure. Depuis la fin de la deuxième guerre mondiale, la communauté internationale s'attelle à définir des nouvelles normes dans l'agir des Etats en ce qui concerne la protection des droits humains.

Les pays signataires de la Charte des Nations Unies ont exprimé dans le préambule de ladite Charte « leur foi dans les droits fondamentaux de l'homme, dans la dignité et la valeur de la personne humaine, dans l'égalité des droits des hommes et des femmes ainsi que des nations, grandes et petites ». Le respect des droits de l'homme est même inscrit au nombre des buts de la création des Nations Unies[8]. Cet intérêt pour les droits de l'homme a trouvé un autre point d'appui dans la Déclaration universelle des droits de l'homme de 1948. A sa promulgation, la Déclaration universelle des droits de l'homme ne faisait pas l'unanimité. On l'accusait d'européocentrisme. Aujourd'hui, elle apparaît comme « le code moral, le consensus politique et la synthèse juridique des droits de l'homme »[9].

---

[8] L'article 1 de la Charte des Nations Unies dispose que l'un des buts des Nations Unies est de « réaliser la coopération internationale en résolvant les problèmes fondamentaux d'ordre humanitaire, en développant et en encourageant le respect des droits de l'homme et des libertés fondamentales ».

[9] Rapport de la Commission, *op. cit.* p. 14

Le principe de l'universalité des droits de l'homme fait de plus en plus un consensus. Il ne reste plus que quelques pouvoirs dictatoriaux ou des formations religieuses fondamentalistes qui continuent à le contester. Au-delà donc des circonstances qui ont présidé sa mise en œuvre, la Déclaration universelle des droits de l'homme traduit la volonté et l'effort incessant des hommes à chercher à protéger au mieux ce qu'ils ont de plus en commun : la nature et la dignité humaines. La Déclaration universelle des droits de l'homme rencontre sans les contredire, les grands textes religieux dans leur authenticité.

A la suite de la Déclaration de 1948, d'autres textes législatifs ont vu le jour parmi lesquels les deux pactes de 1966 portant sur les droits civils et politiques, les droits économiques, sociaux et culturels. L'an 1998 marque l'adoption du statut de la Cour pénale internationale. Les conventions de Genève établiront un peu plus tard la compétence universelle de certaines cours en ce qui concerne précisément le génocide et les crimes contre l'humanité.

Cette évolution du droit et des normes juridiques au plan international est allée de pair avec la création de nouvelles institutions internationales et une plus grande implication des organisations non gouvernementales dans la promotion et la protection des droits de l'homme. En même temps, de nouveaux mécanismes de contrainte et de coercition ont vu le jour.

Aujourd'hui, la question de la sécurité constitue aussi bien dans le droit international que dans les relations interétatiques le cadre spécifique de l'action internationale.

Relevons que la question de la sécurité n'est pas sans rapport avec les progrès scientifiques et technologiques. Ce qui est pour le moins positif c'est que le développement technologique a permis de rendre plus sensible la question des droits de l'homme à telle enseigne que quand un fait se produit dans un coin donné du monde, il est vite répercuté à l'échelle du monde grâce à la performance des nouveaux outils de l'information et de communication. C'est ainsi qu'une grande partie de l'humanité a pu suivre en direct le 11 septembre 2001, les attentats du World Trade Center et communier à la peine du peuple américain. L'utilisation des armes de destruction massive rend par ailleurs les progrès technologiques participant à la propagation de la violence à travers le monde.

Les textes du magistère de l'Eglise ont clairement mis en avant la question du respect de la personne humaine : « De nos jours surtout, nous avons l'impérieux devoir de nous faire le prochain de n'importe quel homme et, s'il se présente à nous, de le servir activement : qu'il s'agisse de ce vieillard abandonné de tous, ou de ce travailleur étranger, méprisé sans raison, ou de cet exilé, ou de cet enfant né d'une union illégitime qui supporte injustement le poids d'une faute qu'il n'a pas commise, ou de cet affamé qui interpelle notre conscience…». Le magistère de l'Eglise ajoute : « De plus en plus, tout ce qui s'oppose à la vie elle-même, comme toute espèce d'homicide, le génocide, l'avortement, l'euthanasie et même le suicide délibéré ; tout ce qui constitue une violation de l'intégrité de la personne humaine, les contraintes psychologiques ; tout ce qui est offense à la dignité de l'homme, comme les conditions de vie sous-humaines, les emprisonnements arbitraires, les déportations, l'esclavage, la prostitution, le commerce des femmes et des jeunes ; ou encore les conditions de travail dégradantes qui réduisent les travailleurs au rang de purs instruments de rapport, sans égard pour leur personnalité libre et responsable ; toutes ces pratiques et d'autres analogues sont, en vérité, infâmes. Tandis qu'elles corrompent la civilisation, elles déshonorent ceux qui s'y livrent plus que ceux qui les subissent et insultent gravement l'honneur du Créateur »[10].

Dans la première encyclique de son pontificat, Saint Jean Paul II soulignait fortement que l'homme est la première route et la route fondamentale de l'Eglise : « L'homme, conformément à l'ouverture intérieure de son esprit et aussi aux besoins si nombreux et si divers de son corps, de son existence temporelle, écrit cette histoire personnelle à travers quantités de liens, de contacts, de situations, de structures sociales, qui l'unissent aux autres hommes ; et cela, il le fait depuis le premier moment de son existence sur la terre, depuis l'instant de sa conception et de sa naissance. L'homme dans sa pleine vérité de son existence, de son être personnel et en même temps de son être communautaire et social, dans le cercle de sa famille, à l'intérieur de sociétés et des contextes très divers, dans le cadre de sa nation ou de son peuple (et peut-être plus encore de son clan ou de sa tribu), même dans le cadre de toute l'humanité, cet homme est la première route que l'Eglise doit parcourir en

---

[10] Concile Vatican II, *Gaudium et spes*, n° 27

accomplissant sa mission : il est la première route et la route fondamentale de l'Eglise, route tracées par le Christ lui-même, route qui, de façon immuable, passe par le mystère de l'incarnation »[11].

De manière quasi-générale, nous assistons à une sorte de transition qui marque le passage de la culture de l'impunité souveraine à la culture de la responsabilité nationale et internationale telle que les institutions internationales, la société civile et les organisations non gouvernementales font recours aux normes et autres dispositions du droit comme références objectives pour juger les comportements des Etats. Dans cette perspective, une nouvelle lecture et une nouvelle compréhension de la souveraineté des Etats ont vu le jour. On établit dorénavant un rapport entre la souveraineté des Etats et le respect des droits de l'homme.

L'on assiste aussi à une sorte d'éclatement de la notion de souveraineté. Il apparaît très clairement que les droits de l'homme « se rapprochent de plus en plus à la réalisation de la justice universelle, la justice sans frontières, non seulement dans son contenu mais également dans son fonctionnement » [12].

Les nombreux crimes contre l'humanité perpétrés de par le monde ont donné lieu à l'établissement de la compétence universelle de nombreux tribunaux. Cet élargissement du droit international montre en définitive à quel point la communauté internationale entend établir des nouvelles normes et des nouveaux moyens de

---

[11] Saint Jean Paul II, *Redemptor Hominis*, 1979.

[12] Rapport de la Commission, *op. cit.* p. 15.

protection de la personne humaine. La notion de sécurité signifie aujourd'hui sécurité physique, bien-être économique et social, respect de la dignité, protection des droits et des libertés fondamentales[13]. La notion de sécurité concerne ainsi tout à la fois les gens et les Etats. Passent alors dans l'ordre de l'insécurité, les conflits sociaux, le chômage, la criminalité, le viol en tant qu'ils portent atteinte à la dignité de la personne. Dans la mesure où les Etats peuvent causer ce genre de dommages sinon les encourager, il revient à la communauté internationale de veiller à ce qu'ils n'aient pas lieu.

Préoccupés par les rapports plutôt conflictuels entre les peuples, les Papes ont continuellement appelé à l'établissement d'un nouvel ordre de rapports fondés sur une paix véritable. C'est ainsi que Saint Jean XXIII faisait remarquer dans *Mater et Magistra* que « le problème le plus important de notre époque est peut-être celui des relations entre les pays économiquement développés et les pays en voie développement [...]. Or de nos jours, les hommes du monde entier se sentent unis par des liens si étroits qu'ils ont parfois l'impression d'habiter tous la même demeure. Les peuples rassasiés des richesses ne peuvent se désintéresser du sort de ceux dont la gêne est si grande qu'ils défaillent presque de misère et de faim et ne sont pas en état de jouir convenablement des droits essentiels de l'homme. Ils le peuvent d'autant moins que les pays dépendent toujours plus étroitement les uns des autres et qu'une paix durable et féconde ne sera pas

[13] *Idem.*

possible, un trop grand écart sévit dans leurs conditions économiques et sociales »[14].

Le Pape Paul VI soulignera pour sa part que « le développement est le nouveau nom de la paix[15] ». Dans une de ses encycliques sociales, *Sollicitudo rei socialis,* Saint Jean Paul II est revenu sur la nouveauté de *Populorum progressio* tout en appelant à un développement humain plus authentique[16].

Au cœur de la doctrine sociale de l'Eglise se trouve cette préoccupation majeure : garantir la sécurité des personnes contre les menaces de « leur vie, leur santé, leurs moyens de substances, leur sûreté personnelle et leur dignité humaine ». De fait, des actions doivent être entreprises pour protéger les personnes menacées par l'insécurité par de-là les frontières à l'intérieur desquelles elle a lieu au nom de la commune destinée du genre humain.

Pour venir justement en aide aux populations en danger, les organisations non gouvernementales militent depuis quelques décennies à l'établissement d'un droit dit d'ingérence humanitaire. Il tirerait son fondement dans l'éthique de détresse. Ce droit devrait être appliqué dans les cas de graves situations d'insécurité et quand l'emploi des armes et autres moyens de destruction sont constatés.

Avant d'engager une réflexion plus systématique sur ce droit, tentons d'engager pour peu les fondements de

---

[14] Saint Jean XXIII, *Mater et Magistra,* 1961, n° 157.

[15] Paul VI, *Populorum progressio,* 1967, n° 76.

[16] Saint Jean Paul II, *Sollicitudo rei socialis,* 1987.

l'action humanitaire, autrement dit, les critères de validité et de légitimité de l'action humanitaire.

4. A la recherche des fondements de l'action humanitaire

L'assistance humanitaire en tant qu'obligation existe ou devrait exister à la charge des Etats tiers ou des organisations intergouvernementales ou non gouvernementales comme une exception aux principes de non-ingérence dans les affaires intérieures des Etats[17]. Elle a plusieurs fondements. On peut retenir entre autres les fondements moraux, juridiques et théologiques.

4.1. Les fondements juridiques

Le devoir d'assistance s'inspire selon René Dupuy du principe général du droit positif qui condamne la non-assistance à personne en danger. Ce principe pose que tout Etat est tenu de protéger ses populations contre toutes sortes de dangers auxquels elles s'exposent[18]. S'il n'a pas les moyens nécessaires pour le faire, il doit faire appel à la communauté internationale. Au nom de ce principe général de droit, la non-assistance à personne en danger est condamnable.

---

[17] J. Salmon, *Dictionnaire du droit international public*, Bruxelles, Bruylant, 2001, p. 580.

[18] S. Brunel, « L'humanitaire, nouvel acteur des relations internationales », cité par P. Boniface (dir), *Dix années qui ébranlèrent le monde*, revue internationale, XLI, Paris, Printemps, 2001, pp. 98-101.

La non-assistance à personne en danger requiert donc les prérogatives d'un devoir [19]. Ce devoir incombe prioritairement au pays dans lequel les populations sont en situation de détresse.

En 1989, lors d'une conférence sur la paix, la sécurité et la coopération en Europe, François Mitterrand avait assigné une limite au principe de non-ingérence dans les affaires intérieures des Etats en affirmant que « l'obligation de non-ingérence s'arrête à l'endroit précis où naît le risque de non-assistance ». Ces propos laissent entendre qu'il y a non seulement un devoir d'assistance à la charge de la communauté internationale mais aussi un devoir d'ingérence humanitaire dans les conditions précisément où les populations sont en péril. Les fondements juridiques de l'ingérence humanitaire apparaissent ainsi clairement.

Dans un discours délivré le 5 décembre 1992 au cours d'une conférence internationale sur la nutrition, le Saint-Siège reconnaissait le devoir d'ingérence en ces termes : « la conscience de l'humanité, désormais soutenue par les dispositions du droit international humanitaire demande que soit rendue obligatoire l'ingérence humanitaire dans les situation qui compromettent gravement la survie des peuples et des groupes ethniques entiers : c'est là un devoir pour les Nations et pour la communauté internationale » [20]. Il soulignait encore qu'un « ordre mondial authentique ne peut pas progresser si chacun revendique son propre droit en oubliant qu'à ce droit

[19] Cf. G. Lierf, « Le droit d'ingérence humanitaire », in *Vous avez dit ingérence,* France Groupe TI, Ed. du Griot, 1994, pp. 47-48.

[20] Conférence sur la nutrition, Rome, 5 décembre 1992 ; voir aussi Documentation catholique, 1993, n° 2065, p. 105.

correspond toujours un devoir imposé par le droit d'autrui ». Dans son allocution à l'occasion de la cérémonie des vœux, en présence des représentants de 145 pays accrédités auprès du Saint-Siège, Saint Jean Paul faisait observer à propos du devoir d'ingérence et des conditions dans lesquelles il s'applique que « le cœur même de la vie internationale, ce ne sont pas tant les Etats que les hommes [...]. Il existe des intérêts qui transcendent les Etats : ce sont les intérêts de la personne humaine, ses droits ». « Toutes les situations qui compromettent gravement la survie des peuples et des groupes ethniques entiers, les intérêts de la personne, ses droits » fondent la juste cause du devoir d'ingérence humanitaire. Dans le contexte du monde actuel, rappelait-il, cette attention s'impose comme un devoir.

En effet, le droit international a pris au cours du XXe siècle une importance considérable. Il a conféra aux individus et au respect de leurs droits une dimension plus grande. C'est ainsi que l'Europe, l'Amérique latine et l'Afrique ont créé des systèmes régionaux de défense des droits de l'homme. De leur côté, les institutions internationales ont mis en place des procédures spéciales à l'échelle mondiale pour assurer la protection des droits des individus et des peuples.

Le devoir d'ingérence humanitaire trouve ainsi sa légitimité et sa validité dans cette reconnaissance et dans ce respect des droits de l'individu. Partant, la souveraineté ne peut plus être un « paravent » derrière lequel il serait possible de torturer et d'assassiner. Il s'impose un devoir, celui de désarmer tout agresseur et fauteur de troubles chaque fois que cela est possible. Le

Pape Pie XII avait déjà envisagé cette éventualité dans son message de Noël 1948 : « un peuplé menacé ou déjà victime d'une injuste agression, s'il veut penser et agir chrétiennement, ne peut demeurer dans l'indifférence passive : à plus forte raison, la solidarité de la famille des peuples interdit-elle aux autres de se comporter comme des spectateurs dans une attitude d'impassible neutralité ». Cet indifférentisme n'a que trop causé des dommages à l'humanité.

Les Nations Unies n'ont pas encore formellement reconnu le droit d'ingérence humanitaire en tant que droit particulier. Toutefois, nombreuses actions au nom d'urgence humanitaire ont été menées ou soutenues par les Nations Unies. En avril 1991, un grand nombre de pays occidentaux sont intervenus au Kurdistan irakien après que le Conseil de sécurité a constaté une menace de paix et de sécurité internationale. Un an plus tard, il a autorisé « Restor Hope » en Somalie. Une série d'autres opérations interviendront entre 1994 et 1999 (L'Opération Turquoise, les interventions militaires en Bosnie-Herzégovine, en Liberia, en Sierra Leone, en Albanie et au Kosovo). S'il est parfois difficile de distinguer le caractère militaire de l'enjeu humanitaire dans ces interventions, elles ont toujours été soutenues par les Nations Unies au nom du principe de précaution ou pour palier à des situations de grave détresse humanitaire. Les Nations Unies restent encore fidèles aux termes de la résolution de novembre 1988 : « assistance humanitaire aux victimes des catastrophes naturelles et des situations d'urgence du même ordre ». Le terme « d'assistance humanitaire aux victimes » est pour le moins reconnu par les Nations Unies. Une autre nouveauté est la mise en relation des victimes des catastrophes naturelles avec les autres situations d'urgence du même ordre. Les rédacteurs de cette résolution se sont gardés d'employer le terme de « droit d'ingérence humanitaire ». Mais l'objectif de ses promoteurs est néanmoins atteint puisqu'ils ont réussi à faire reconnaître la situation d'urgence humanitaire dans le registre des préoccupations des Nations Unies. Ce en quoi la formulation (énoncée comme droit d'ingérence humanitaire) posait logiquement problème était néanmoins accepté dans l'esprit : le principe de libre accès aux victimes.

La résolution 43/131 est vite entrée en application à la suite du tremblement de terre survenu en Russie, le 7 décembre 1988. Ainsi commence une série d'interventions fondées sur des nouvelles bases d'ingérence.

La reconnaissance implicite du devoir d'ingérence humanitaire par les Nations Unies s'explique par le fait que l'on tend de plus en plus à situer les droits de l'homme au plan de l'humanité. Proclamer le droit de libre accès aux victimes suppose qu'on fait prévaloir la qualité de membre de l'humanité sur celle de ressortissant d'un Etat.

Il se développe en effet dans les consciences cette double exigence : la constitution d'un ordre international et la reconnaissance des droits de l'humanité. L'évolution du droit international dans sa dimension protectrice des droits humains donne une certaine consistance au devoir d'ingérence. Même si ce dernier semble davantage relever de la morale que du droit positif, il n'empêche pas de reconnaître l'émergence d'un droit d'assistance humanitaire observé dans plusieurs situations de conflit.

4.2. Les fondements moraux

Lavaud estime que le problème d'ingérence se situe au dangereux carrefour de la morale et de la politique. Au nom de quoi ? De quel droit … un pays ou un groupe de pays irait-il se mêler des affaires d'un autre pays ? Cette interrogation ressemble à celle qui nous fait récuser l'intervention d'un tiers dans le domaine de notre vie privée : « De quoi se mêle-t-il ? Cela ne le regarde pas ! C'est mon problème. » Rejet qui peut aussi prendre une autre tournure : « C'est son problème, cela ne me regarde pas, de quoi irai-je me mêler… ? » Qui devient bientôt : « je ne veux pas avoir d'histoires, être mêlé à quelques affaires troubles qui pourraient me retomber sur le nez…[21] ». Il n'y a rien de plus normal dirait-on. C'est la vérité même des choses. La mésaventure de ce personnage de Molière dans *Dan Juan* en dit long. Voyant Sganarelle battre sa femme Martine, il s'avise de prendre sa défense mais il se voit pris à parti par les deux époux soudain d'accord : « […] Et vous êtes un sot de venir vous fourrer où vous n'avez que faire […]. Vous êtes un impertinent de vous ingérer dans les affaires d'autrui ».

Ce précédent peut servir aussi de prétexte pour justifier toutes les autres formes d'absentéisme et de passivité.

La non-ingérence peut aussi se situer à un niveau collectif et même politique. Cette fois, l'alibi de la lâcheté, de l'individualisme, de l'égoïsme prend alors la forme de respect des droits souverains des Etats et de l'indépendance absolue des peuples. A bien voir les

---

[21] C. Lavaud, « L'ingérence comme éthique de détresse », in *Vous avez dit ingérence,* op. cit. p. 21.

choses, l'ingérence bien comprise doit être considérée comme une éthique de détresse.

Au moment où certains éprouvent l'insidieuse tentation de se replier dans un nationalisme égoïste et désuet, il importe d'ouvrir les voies à une coopération internationale accrue, maquant le passage d'une économie dominée par la recherche prépondérante du profit à une économie de service et du bien commun[22]. La fraternité universelle est inévitable et chacun a pour vocation d'être le « gardien de son frère ». L'humanité, soulignait assez bien Saint Jean Paul II, « est appelée par Dieu à former une famille unique. Il nous faut reconnaître et favoriser ce dessein divin en promouvant la recherche des relations harmonieuses entre les personnes, les peuples, dans une culture partagée et d'ouverture au transcendant, de promotion de l'homme, de respect de la nature ». Aucun peuple n'a la vocation de vivre en autarcie. Dans cette famille unique, il y a plusieurs membres et chaque membre ne peut demeurer indifférent à l'état d'urgence ou de détresse de ses frères et sœurs en humanité. De fait, la paix ne sera possible que dans la mesure où toute l'humanité aura redécouvert sa vocation originelle à être une unique famille où la dignité et les droits des personnes sont respectés et affirmés comme antérieurs et prééminents à toute différenciation et spécification [23] . Le monde actuel, marqué par le dynamisme de la mondialisation, peut recevoir de cette

---

[22] Nous devons au travail de H. Boukouamanga (« L'ingérence humanitaire », inédit, Institut de Théologie Jésuite, Abidjan, 2007) cette approche originale de la question.

[23] *Document catholique*, n° 2217, 2 janvier 2000, pp. 2-3.

prise de conscience son âme, son sens et son orientation[24]. Dans un tel processus, on trouve des occasions extraordinaires et prometteuses de faire de l'humanité une seule famille, fondée sur les valeurs de justice, d'équité et de solidarité. Ce qui doit prévaloir sur toute chose, ce n'est plus le bien particulier d'une communauté politique, ethnique ou culturelle mais plutôt le bien commun de l'humanité. Il s'ensuit que la poursuite du bien commun par une communauté politique particulière ne peut être opposée au bien commun de l'humanité tout entière d'autant plus qu'elle se réalise toujours dans la reconnaissance et le respect des droits de l'homme. Ainsi, celui qui lèse les droits humains, lèse la conscience humaine en tant que telle. Il lèse l'humanité elle-même. Le devoir de protéger ces droits transcende donc les frontières géographiques et politiques à l'intérieur desquelles ils sont violés. Les crimes contre l'humanité ne peuvent plus être perçus comme les affaires intérieures d'un pays. Sur cette question, la France par la voix de M. Torelli a pris une option franchement audacieuse : « Le droit de l'humanité prime sur le droit des Etats, il devrait toujours inspirer ce dernier et le devoir d'assistance humanitaire de plus en plus partie intégrante de la conscience universelle moderne, demande à s'inscrire dans la législation internationale sous forme de droit d'ingérence humanitaire »[25].

C'est un devoir moral d'assister les personnes en danger. Bettati a noté à ce propos qu'il « existe un devoir

---

[24] Lire à ce propos, G. C. Gandou, « Les enjeux des migrations à l'époque contemporaine », in Afrique d'Espérance, n° 3, Année XXVI, pp. 23-24.
[25] M. Torelli, « De l'assistance à l'ingérence humanitaire ? », in Revue internationale de la Croix rouge, 1795 (74), 1992, p. 239.

moral d'ingérence qui concerne les hommes, un par un et dont on ne se délie qu'au prix de l'abandon. C'est la raison pour laquelle, il convient de proclamer un droit d'assistance humanitaire aux victimes de toutes les catastrophes naturelles, industrielles, politiques[26] ».

Autant il existe des fondements juridiques et moraux au devoir d'ingérence humanitaire, autant il existe les fondements théologiques.

4.3. Les fondements théologiques

Le livre de l'Exode rend compte de l'extraordinaire intervention de Dieu dans l'histoire des hommes. Devant les cris du peuple hébreu en esclavage en Egypte, Dieu est pris de compassion. Il décide de libérer ce peuple par l'entremise de Moïse[27]. L'Ecriture Sainte relève que « les Israélites, gémissant de leur servitude, crièrent, et leur appel à l'aide monta vers Dieu, du fond de leur servitude. Dieu entendit leur gémissement » (Ex 2, 23-25). Venant à la rencontre de Moïse, Dieu dit : « J'ai vu, j'ai vu la misère de mon peuple qui est en Egypte. J'ai entendu son cri devant ses oppresseurs ; oui, je connais ses angoisses. Je suis descendu pour le délivrer de la main des Egyptiens et le faire monter vers une terre plantureuse et vaste, vers une terre qui ruisselle de lait et de miel » (Ex 3, 7-8). Dieu confie à Moïse la mission de libérer son peuple : « Maintenant, le cri des israélites est venu jusqu'à moi, et j'ai vu l'oppression que font peser sur eux les Egyptiens.

---

[26] M. Bettati, « Souveraineté et assistance humanitaire », in *Mélange,* R. J. Dupuy.

[27] Exode 2, 23-25 ; 3, 1-17.

Maintenant, vas, je t'envoie auprès de Pharaon, fais sortir d'Egypte mon peuple, les Israélites » (Ex 3, 8-10).

Dieu est en effet touché par la souffrance des Israélites et Il décide de les libérer de l'esclavage. Il sollicite le concours de Moïse en lui faisant assumer le rôle de négociateur. Moïse se sent alors responsable de l'avenir de ses frères en humanité. Et Dieu se présente comme la voix des sans voix. Il prend optionnellement le parti des plus faibles. Il cherche à éteindre la situation injuste que les faibles subissent. Dieu « s'ingère » volontiers dans cette affaire, et ce à juste titre puisqu'il y a une situation de détresse et de violation grave des droits humains.

Le verbe « ingérer » est ici riche de sens. Structurellement formé de deux racines (*in* et *gerere*), le verbe « ingérer » signifie dans sa forme réfléchie le fait de s'introduire auprès de, de décider sur, d'entrer ou de prendre part à quelque chose sans avoir la permission ou la qualité requise. Il traduit aussi le fait de se mêler des affaires ou d'agir en lieu et place de [...] sans en avoir reçu le droit ou l'autorisation.

Ce qui est mis en relief dans l'emploi de ce verbe est bien cette sorte d'impertinence et d'audace qui rompt avec l'ordre normal des choses. Le verbe « s'ingérer » rend ainsi compte de l'advenu inapproprié dans les rapports entre les personnes ; rapports qui sont gouvernés par un ensemble de principes et de convenances. Ces principes et convenances gouvernent les commodités de la communication telle que nul ne peut aisément entrer en relation avec autrui sans son agrément ni sans faire preuve de sympathie et de respect approuvé par ce dernier. De fait, quelle que soit la nature de l'action à accomplir en faveur d'un tiers, elle doit au préalable être agréée par ce dernier ou être supposé comme tel. Le droit fixe les conditions dans lesquelles certains actes pourraient d'office être accomplis en faveur d'autrui sans attendre un agrément préalable. Et ce, dans les conditions précisément où l'urgence de l'intervention est fortement requise alors que le bénéficiaire se trouve pour ainsi dire privé du plein exercice de ses facultés. Ces actions en tant qu'elles visent toujours le bien raisonnablement pensé du tiers sont réputés justes.

Dans le contexte qui est nôtre, le verbe ingérer trouve tout son sens dans la mesure où il y a une situation de détresse ou de menace telle que si l'on n'intervenait pas, on manquerait gravement au devoir d'assistance à personne en danger. L'ingérence apparaît ici comme une intrusion dans un domaine réservé ; une intrusion cependant tolérable et même recommandée du fait de sa finalité salutaire. En fait, l'ingérence au sens où nous l'entendons suppose toujours un rapport de force inégalitaire. Il y a d'un côté une situation peu confortable et de l'autre, une situation préférentiellement bonne. Le fait de s'ingérer a pour finalité, le rétablissement de l'équilibre au point de vue juridique et éthique.

Dieu dans sa souveraineté a voulu corriger la situation injuste qui prévalait dans les rapports entre les Egyptiens et les Hébreux.

En fait, l'action de Dieu en faveur des plus faibles et des plus démunis est un fait caractéristique dans les Ecritures Saintes. Le fondement théologique qui sous-tend la prescription de la dîme annuelle et triennale, l'année sabbatique et le jubilé est bien la réalisation de la justice géométrique. L'attention au pauvre, à l'étranger, à la veuve et à l'orphelin est une doctrine morale qui traverse de part en part les livres deutéronomiques[28]. Dans une société où les étrangers, les esclaves et les pauvres n'avaient pas de grandes chances d'accéder au titre de propriété et de jouir de certaines faveurs sociales, ces percepts divins donnaient la possibilité à ces couches défavorisées de bénéficiers à certains moments de l'année des produits de la terre et de quelques avantages sociaux[29].

En sus des fondements vétérotestamentaires, nous pouvons aussi considérer ceux néotestamentaires dont le plus inconstatable est l'incarnation de Jésus-Christ. Dans les Exercices Spirituels, notamment dans « la contemplation de l'incarnation », Saint Ignace de Loyola montre que les trois personnes divines, c'est-à-dire, le Père, le Fils et l'Esprit-Saint, ayant regardé toute l'étendue de la circonférence du monde et voyant comment les hommes étaient certains en guerre, d'autres malades ou en pleurs, elles « décident en leur éternité que la deuxième personne divine se fasse homme pour sauver le genre humain »[30]. C'est pour sauver l'humanité que le Christ, Fils de Dieu, est venu dans le monde.

L'incarnation du Fils de Dieu est le geste le plus éminent de l'action de Dieu en faveur de l'homme. En tout et pour tout, Dieu est le premier à prendre l'initiative. Il n'a attendu de l'homme que la coopération à cette mission de récréation. De même que Dieu a sollicité le concours de Moïse pour sortir le peuple hébreu de l'Egypte, de même Dieu a sollicité la maternité virginale de Marie pour donner naissance au Christ Jésus. Il s'agit là d'une attitude

---

[28] Lv 19, 9-10 ; Dt 14, 28-29, 19-21 ; 26, 12-15.

[29] Cf. Rt, 2.

[30] I. Loyola (De), *Exercice Spirituels,* Desclée de Brouwer Bellarmin, coll. Christus, 1986, n° 101-109.

particulière de Dieu qui veut que l'homme participe au salut de l'homme. Ce trait divin apparaît encore clairement dans la parabole du bon Samaritain.

Le récit de cette parabole découle, on le sait, de la question qu'un légiste a posé à Jésus à savoir : *Et qui est mon prochain ?* Il importe de noter au demeurant que la question du légiste étonne à première vue. N'est-ce pas que le légiste un est spécialiste de la Loi ? Le livre de Lévitique (19, 17-18) pose la règle d'or que devrait connaître tout familier des Ecritures : « Tu n'auras pas dans ton cœur de haine pour ton frère. Tu dois réprimander ton compatriote et ainsi tu n'auras pas la charge d'un péché. Tu ne te vengeras pas et tu ne garderas pas de rancune envers les enfants de ton peuple. Tu aimeras ton prochain comme toi-même ». La particule « tu aimeras ton prochain comme toi-même », communément appelée la règle d'or dans la tradition juive, constitue en fait le résumé de toute la Torah du point de vue de Hillel[31]. Quant au sens proprement dit du terme « prochain », les réponses dans les Saintes Ecritures sont aussi claires. Le livre de Lévitique indique clairement que le « prochain » c'est le « compatriote » (19, 11. 15), ton « frère » (v. 17) « les enfants de ton peuple » (v. 18) ou « l'étranger qui réside dans le pays » (v.33).

Par un jeu de questions, Jésus emmène le légiste à comprendre que le commandement de l'amour du

---

[31] Talmud de Babylone, Shabbath, 31 a. Voir Mireille Hadas-Lebel, Hillel : *Un sage au temps de Jésus*, Albin Michel, 2005, p. 99. Rabbi Akaba tient ce précepte pour la « loi d'or » ; « principe de base de la Torah » et « loi la plus importante » dans la discussion qui l'oppose à Ben Azzaï, et compare l'emplacement central de ce précepte – au milieu du Lévitique, lui-même au milieu des cinq Livres de la Torah – à l'emplacement du Tabernacle au milieu du cortège des Hébreux.

prochain doit être interprété en rapport avec le commandement de l'amour de Dieu et l'amour du prochain. Car le prochain n'est pas isolé de Dieu. Parvenu à cette compréhension, le légiste réalise que toute la Loi se résume dans ces deux affirmations : « Tu aimeras le Seigneur, ton Dieu, de tout ton cœur, de toute ton âme, de toute ta force et de tout ton esprit ; et ton prochain comme toi-même » (v. 27). Mais ce dernier ne semble pas mesurer la portée de ces deux affirmations. Ce que le légiste doit à présent découvrir, du point de vue de Jésus et c'est cela tout le sens de la parabole qui fait suite, est que l'amour de Dieu doit être compris comme le paradigme de l'amour filial. Il s'agit d'aimer à la lumière de l'amour de Dieu, autrement dit, il faut aimer le prochain avec les mêmes sentiments que Dieu, Lui qui est bienfaisant envers tous.

Il ressort ainsi de la parabole du bon Samaritain que l'amour pour Dieu appelle à une réponse décisive de la part de l'homme. Comme le lévite dans la parabole du bon Samaritain, bien des personnes se réservent d'assister autrui pour des raisons qu'elles jugent nobles alors qu'il y a urgence. Les raisons pour justifier cette attitude de non-assistance sont toujours plausibles. Elles peuvent être cultuelles ou religieuses comme celles observées par le lévite et le prêtre dans la parabole. Le plus souvent, elles sont d'ordre matériel, économique ou géostratégique.

Dans le cas où la vie humaine est menacée, il est impérieux d'agir, quitte à aller contre un règlement prescriptif. Il découle de la parabole du bon Samaritain que la stricte observation de la loi et des pratiques cultuelles n'a pas de commune valeur avec l'amour véritable. C'est tout le sens de cette parole de Jésus : « le sabbat a été fait pour l'homme et non l'homme pour le sabbat ». Ainsi, l'aide à apporter à une personne en détresse est sans condition. Comme ce fut le cas pour le bon Samaritain qui ne s'était aucunement attardé sur l'origine raciale, culturelle ou géographique de l'agressé, l'assistance qu'une personne, un pays tiers ou la communauté internationale est en droit d'apporter à une personne, un pays en détresse doit se faire sans calcul.

Le déplacement sinon l'innovation doctrinale opérée Jésus a été de montrer qu'il y a des exceptions à observer dans certains préceptes. Il fait surtout observer que l'amour n'a qu'une seule propriété, celle d'être sans mesure. De fait, la parabole du bon Samaritain donne un fondement solide à l'éthique de détresse qui consiste justement à préserver la vie humaine de tout danger. La doctrine sociale de l'Eglise retient en effet que le rôle fondamental de toutes les institutions internationales est de rappeler avec insistance que l'organisation des sociétés n'a de sens que si elle fait de la vie humaine sa préoccupation centrale dans un monde fait pour l'homme et par l'homme.

Après avoir dégagé les fondements de l'ingérence humanitaire, nous allons à présent voir si elle peut être levée au rang de droit spécifique.

Chapitre deuxième

L'ACTION HUMANITAIRE EN QUÊTE D'UN PROPRE : LE DROIT D'INGÉRENCE HUMANITAIRE

L'expression « droit d'ingérence humanitaire » date d'un peu plus de vingt ans. Elle est en quête de justification juridique. La réalité qu'elle désigne et qui attend de recevoir un contenu juridique est pourtant bien claire dans les consciences.

Cette expression renvoie à l'exigence de fixer à l'échelle internationale des dispositions légales en vue d'encadrer l'aide humanitaire, de préserver la vie humaine et de limiter par-delà les frontières des Etats les violations contre les droits humains.

Le devoir d'ingérence est dans ce sens, une sorte d'éthique de détresse. Il consiste à venir en aide aux populations qui se trouvent dans des situations d'urgence. En considérant la polémique que soulève ce concept, il me semble judicieux de reconsidérer les circonstances historiques dans lesquelles il prend naissance afin de juger de sa pertinence et de sa validité.

1. Histoire et évolution du concept

Le concept de « droit d'ingérence humanitaire » a été davantage médiatisé lors d'une conférence internationale qui était organisée par la faculté de Droit de Paris-Sud et « Médecins du monde » en 1987 sous le thème : *Le devoir d'ingérence : peut-on les laisser mourir ?* Cette conférence avait connu les interventions remarquées de Bernard

Kouchner et de Mario Bettati[1]. Au cours de cette conférence, les intervenants s'étaient notamment interrogés sur la valeur universelle des droits de l'homme et sur la possibilité d'imposer aussi bien moralement que juridiquement le respect des droits de l'homme. Cette conférence avait surtout posé en des termes plus clairs, la question du « droit d'ingérence humanitaire » et de sa signification.

Tel qu'il était présenté par ses promoteurs, le « droit d'ingérence humanitaire » marquait une nouvelle approche, une nouvelle compréhension du droit international. On sentait une réelle volonté de la part de ses promoteurs de marquer une rupture par rapport à ce qui avait jusqu'alors cours. Le choix de ce concept tout comme la finalité qu'ils assignaient à cette nouvelle approche du droit international traduisait aussi clairement leur volonté d'innover en ce domaine. Et ce n'était pas une simple volonté de vouloir innover. Ils estimaient en effet qu'il fallait élaborer de nouvelles normes dans la manière de résoudre les questions humanitaires au niveau international.

Kouchner et Bettati n'étaient pas du reste des personnes inconnues du public. L'engagement du premier dans la défense des droits des plus démunis et les réflexions du second en matière des droits humains leur accréditaient une certaine audience et les disposaient à débattre en connaissance de cause de ces questions. L'organisation de cette conférence était tout sans être fortuite.

---

[1] Cf. M. Betati et B. Kouchner, *Devoir d'ingérence : peut-on les laisser mourir ?*, Ed. Denoël, 1987.

1.1. La formulation du concept

A l'exception de l'adjectif « humanitaire », les deux autres termes (droit et ingérence) sont loin d'être des néologismes. Mais l'association de l'un et l'autre terme à l'adjectif « humanitaire » soulève une sérieuse polémique. Retenons que le terme « droit » se définit comme l'ensemble des règles qui régissent les conduites des hommes en société. Il désigne aussi l'ensemble des lois et des coutumes qui régissent chaque peuple ou un ensemble de peuples. Le terme « ingérence » désigne le fait de s'introduire auprès de, d'entrer dans […] sans en avoir la qualité, sans être demandé. C'est aussi le fait de se mêler de quelque chose sans en avoir le droit, l'autorisation ou sans en être requis. L'adjectif « humanitaire » est un néologisme qui se rapporte au concept humanité, considéré comme un grand être collectif. Les problèmes surgissent dès que ces termes sont mis ensemble. Ainsi parler de « l'ingérence humanitaire » ou du « droit d'ingérence » ou plus encore du « droit d'ingérence » exige de poser quelques préalables. Pour ce qui est plus précisément de la dernière formulation, elle ne semble s'apprécier mieux qu'en considérant le contexte historique qui l'a fait émerger.

Il import de souligner au demeurant que l'expression « droit d'ingérence » est illogique du point de vue du droit international en vigueur. En effet, toute la législation internationale repose sur la prohibition de l'ingérence. Il semble toutefois que cette expression prend un certain sens quand il lui est associé l'adjectif « humanitaire ». Nous ne comptons pas pour le moment pas nous attarder sur la justesse de cette considération mais en la supposant, nous allons davantage examiner l'incidence de cet apport.

1.1.1. Origine et évolution du concept humanitaire

On doit certainement la mise en avant du concept « humanitaire » aux artistes du XVIe siècle et surtout aux philosophes des Lumières.

Le courant humaniste qui parvint à son point culminant au XVIe siècle en Europe avait placé au-dessus toutes les valeurs, le respect de la personne humaine et de sa dignité. Cet intérêt pour la personne se prolongea à travers la philosophie des Lumières qui s'attela entre autre à sortir l'homme des ombres de l'ignorance. Fondant l'agir humain sur le principe de la liberté éclairée par la raison, l'esprit humaniste bouleversa non seulement le sens des rapports entre les hommes mais aussi entre l'homme et l'au-delà. L'intérêt de s'occuper non plus de homme pris dans sa singularité mais de tous les hommes dans leur ensemble a fait naître un concept : « l'humanitaire ». Dans un contexte social où un grand nombre de gens est sujet à différents maux, la nécessité d'œuvrer par de grandes actions à l'amélioration de leurs conditions de vie a progressivement gagné les esprits. C'est ainsi que les idées d'aide humanitaire ont commencé à prendre consistance avec surtout la création des premiers organismes d'aide humanitaire.

Le carnage de Solferino en 1859 par exemple avait amené Henri Dunant à proposer la création d'un organisme neutre et indépendant des Etats qui allait s'occuper des victimes des conflits armés. Cet organisme devait veiller au respect des principes d'humanité dans les conflits. Henri Dunant avait par le fait jeté les bases du Comité international de la Croix-Rouge dont la création interviendra quatre ans plus tard. La Convention de Genève s'élabora dans ce même élan.

Le rôle du Comité international de la Croix-Rouge sera déterminant au cours des deux guerres mondiales. Son efficacité durant ces conflits accrédita plus que jamais sa vocation. Ce fut le début de l'action humanitaire[2]. L'évidente réalité que Dunant sut mettre en lumière était que la communauté humaine est souvent exposée à des dangers de toutes sortes et des actions doivent être menées pour limiter les effets collatéraux.

Au fil du temps, on a commencé à placer sous le vocable « humanitaire », du point de vue surtout des organismes non gouvernementaux, le souci de porter de l'aide à des personnes en détresse ou en danger de mort. Avec la Déclaration universelle des droits de l'homme, cet intérêt pour la personne en difficulté trouvera un cadre juridique plus solide.

Du point de vue de Jean-Christophe Rufin, les premières formes de l'action humanitaire remonteraient à 1773 avec l'octroi par les Américains du statut de réfugiés aux aristocrates français qui fuyaient la terreur de Saint Domingue [3]. D'aucuns ont voulu voir dans les interventions des Etats, destinées à protéger leurs

---

[2] On lira avec profit, P. Garrigue, « Action humanitaire » in *Encyclopédia universalis* 2000 ; F. Bujon de l'Estang, « Ingérence humanitaire et diplomatie » in Revue des Deux Mondes, juin 1993, p. 116 ; P. Guichonnet, « H. Dunant », in *Encyclopédia Universalis* 2000.

[3] J-C. Rufin, *le piège humanitaire,* cité par A. Demaugé Bost in « Mémoire de fin d'études », Institut d'Etudes Politiques de Lyon.

ressortissants ou à secourir les minorités dans un autre territoire, les débuts de l'action humanitaire. Il n'est est rien en fait. On ne saurait parler ici d'action humanitaire au sens propre du terme. Il faut en effet distinguer les interventions des Etats en faveur de certaines populations des actions menées par les organismes non gouvernementaux visant à venir en aide aux populations de manière générale au nom de la charité et de la justice sociale. Les premières formes d'intervention, celles qu'on appelle encore « interventions d'humanité » constituent en réalité une transition vers l'action humanitaire proprement dite. Celle-ci n'a été mise ne relief qu'à partir du XIXe. En partant de ce repère, on pourrait scinder l'histoire de l'humanitaire en trois phases essentielles à savoir, la période des actions entreprises par la Croix-Rouge internationale, l'entre-deux-guerres jusqu'à l'apparition des associations des médecins et d'autres organismes privés et enfin l'ère de la consécration de la notion du droit à l'assistance humanitaire par la communauté internationale[4].

La nature des acteurs et les motivations qui les mobilisent sont en effet nécessaires pour conférer à une intervention la nature d'action humanitaire. Ainsi, l'action menée par un Etat ou groupe d'Etats en faveur de quelques populations ne remplit pas la condition essentielle pour être appelée une action humanitaire. Cette dernière relève prioritairement de la compétence des organisations non gouvernementales. Outre ces critères d'historicité et d'exclusivité, il faut aussi considérer le caractère désintéressé de l'action

[4] Cf. F. Bujon de l'Estang, « Ingérence et diplomatie », in *Revue des Deux Mondes*, juin 1993, p. 115.

humanitaire. Dès l'origine en effet, l'action humanitaire est menée en marge des politiques particulières des Etats[5].

1.1.2. Du caractère désintéressé de l'action humanitaire

Contrairement aux interventions d'humanité par lesquelles les Etats cherchent à protéger ou à sécuriser une portion de la population par devoir d'Etat ou sur fond d'une prescription conventionnelle interétatique, les actions humanitaires ne fixent pour seule priorité que le secours d'un plus grand nombre des personnes en détresse, quelle que soit leur origine, langue, culture et religion. L'aide dans le domaine humanitaire est sans contexte[6].

Dès sa création, la Croix-Rouge internationale a par exemple adopté quatre principes fondamentaux : indépendance, neutralité, respect des souverainetés nationales et universalité. Ces principes ont dès le départ placé cette organisation au-dessus de tout positionnement idéologique et ont favorisé le déploiement de son action à travers les crises qui ont depuis marqué l'histoire du monde. La neutralité et le respect des souverainetés nationales en tant que code de conduite accréditent cette organisation d'une grande audience auprès des Etats

---

[5]J.-Y. Nau, « Le prix Nobel de la paix a été attribué à "Médecins sans frontière" », in Le Monde, 16 octobre 1999, p. 34.

[6] R. Brauman, *L'action humanitaire,* Paris, Flammarion, Coll. « Dominos », 1995, p. 9, cité par O. Lanotte, « L'opération Turquoise au Rwanda : intervention humanitaire ou nouvel avatar de la politique africaine de la France ? » Louvain-la-Neuve, UCL, Département des Sciences politiques et sociales, coll. « Notes et Etudes de l'Unité des Relations internationales », n° 8, 1996, pp. 6-10.

dans lesquels elle intervient. En clair, la Croix-Rouge internationale s'abstient de tout jugement sur les enjeux qui alimentent les crises et elle ne franchit les lieux de crise qu'avec l'accord de ou des Etats concernés. Ceci pour montrer que la préoccupation majeure de son intervention est de sauver ou de protéger les vies. Par rapport à son principe d'universalité, son intervention n'est pas sélective. Elle cherche à protéger les vies sans tenir compte de la configuration du conflit. Les humanitaires ne sont cependant pas des hommes sans cœur. Les injustices et toutes les autres formes de violations flagrantes de la dignité humaine ne les laissent pas indifférents. Le silence auquel sont soumis les organismes humanitaires du genre Croix-Rouge internationale est souvent à la limite du supportable. Mais c'est au prix de cette abnégation qu'ils se font juger de leur bonne foi.

Avec le mouvement des « sans frontières », les perspectives changent. Le sceau de neutralité observé jusqu'avant les deux guerres mondiales cède la place à un engagement plus vigoureux et moins soucieux du juridisme qu'observaient les premiers organismes. Ce changement de perspective s'explique par les bouleversements importants qui se sont produits entre les deux guerres et peu après. Nourri par cette sorte du goût de bien vivre et l'exaltation de la vie et soutenu par cette nouvelle approche du développement et le profond changement des mentalités des années 60, le « sans frontiérisme » offre un nouvel idéal de l'humanitaire essentiellement fondé sur le pragmatisme et l'efficacité. Il rencontre le soutien des médias et l'assentiment des cœurs épris davantage d'universalisme que de particularisme. Le monde, en perdant sous l'effet des deux guerres sa conception d'entités séparées juridiquement par des frontières au profit d'une conception plus globalisante et inclusive, a fait naître une conception nouvelle de l'humanitaire qui tend à prendre le juridisme des Etats comme un réel obstacle à son déploiement. Le principe de souveraineté des Etats considéré jusqu'ici comme la clé de voûte de la plate-forme du droit international ne peut plus être un « paravent » derrière lequel les Etats s'excluent de toute obligation devant la communauté internationale. Le choix du silence face aux atrocités perpétrées pendant la deuxième guerre mondiale a été en effet un prix lourd de conséquences. Si les organismes humanitaires d'alors avaient été plus actifs, plus exigeants et en tout moins neutres peut-être que les dommages humanitaires à l'intérieur des frontières auraient été moins importants. Il y a en effet une limite en deçà de laquelle la neutralité devient une complicité.

Ainsi, ce que la force de la loi n'avait encore pu faire le sera par la force des choses et des circonstances. On doit certainement au conflit du Biafra cette évolution positive des choses. En effet, l'urgence humanitaire dans cette partie du Nigeria avait atteint une ampleur telle que pour de nombreux humanitaires, il y avait pas d'autre alternative que franchir les frontières du Nigeria pour y apporter de l'aide d'autant moins qu'on ne pouvait pas attendre grand-chose de la part des grandes puissances, lesquelles avaient des intérêts franchement divergents dans ce conflit. Alors que la partie fédérale du pays était soutenue par la Grande-Bretagne, les Etats-Unis et l'Union Soviétique qui était liée au Nigeria par un accord de coopération, la partie sécessionniste bénéficiait du soutien de la France qui y avait ses principaux intérêts économiques ainsi que de la Chine, du Zimbabwe, de la Tanzanie, de la Côte d'Ivoire et du Gabon.

Dans ce tel contexte particulier, les organismes humanitaires n'avaient pas de choix. Il fallait agir d'autant plus que sur le terrain les troupes nigérianes prenaient de plus en plus pour cible la population civile. L'enjeu de l'intervention se révélait alors au-dessus du juridisme westphalien. Il était clair du point de vue des organismes humanitaires que le principe de souveraineté des Etats n'allait pas sans respect des droits humains. Cette articulation entre l'autonomie des Etats et le respect des droits humains amorçait une nouvelle approche du droit international. Cette articulation entre le droit et l'éthique creusera aussi la distance entre l'interventionnisme d'Etat et l'humanitaire des organismes privés[7].

Les Etats n'interviennent toujours que par intérêt particulier. Ils sont certes portés par un devoir, le devoir d'Etat qui les oblige à protéger leurs ressortissants. Mais ce devoir n'est pas de même nature que celui qui met en avant les organismes humanitaires. Le premier est relativement intéressé, le second l'est moins. Le bénéfice quant à la finalité de l'action revient pour le premier cas prioritairement à l'Etat tandis que pour le second cas, il est à placer suprêmement au compte du bien le plus universel. Il est vrai que de part et d'autre, il s'agit ni plus ni moins de l'homme. Mais il y a davantage dans une démarche plus que dans l'autre, un plus grand sens

[7] On lira avec intérêt X. Zeebroek, « Militaires-humanitaires, mariage improbable, divorce impossible », in *Pour une éthique de l'ingérence. Quelles limites à l'ingérence ?*, Commission Justice et Paix, octobre 2002, pp. 37-41.

d'universalité dans les choix opérés. Et le mode d'action des Etats s'inscrit toujours dans une logique discriminante et exclusive, sélective et idéologique. On ne retrouve pas ces pesanteurs dans le mode opératoire des organisations humanitaires[8]. Et c'est l'ampleur des faits qui rend nécessaire le déploiement de l'action humanitaire.

En se situant dans le domaine du devoir, l'action humanitaire dans son optique plutôt pragmatique veut acquérir un caractère juridique.

Il est courant de voir les pouvoirs dictatoriaux violer de manière continue les libertés fondamentales par des arrestations massives, les suppressions physiques des opposants, les tortures diverses et les massacres sur une veste échelle tout en empêchant les organismes de défense des droits de l'homme de franchir les frontières de leurs Etats respectifs au nom du principe de souveraineté.

Pareillement, il arrive aussi que les parties en conflit bloquent le déploiement de l'action humanitaire et condamnent de fait les populations à leur triste sort[9]. Il n'y a pas d'autres moyens pour venir en aide aux populations ainsi traumatisées que de forcer les frontières desdits Etats pour y apporter l'aide humanitaire. Le terme « ingérence » revêt ici tout son sens. Il s'agit d'intervenir sans s'y être autorisé, sans avoir reçu mandat compte tenu de l'urgence de la situation.

---

[8] Lire à ce propos R. Brauman, « Contre l'humanitarisme », in Esprit, décembre 1991, pp. 77-85.

[9] La situation du Darfour en est une parfaite illustration.

Le contexte de l'intervention est celui où la latitude n'est guère laissée pour déployer une action humanitaire. C'est donc un forcing qui, sous-tendu par un état d'urgence, revêt un caractère de devoir[10]. L'ingérence est dans ce cas précis, une réponse à une situation de contrainte qui, ostensiblement s'oppose au bon sens et au bien de l'humanité en général. On ne saurait parler d'ingérence si l'on avait laissé libre accès aux victimes des violences ou des crises. En empêchant les organismes humanitaires d'avoir accès aux victimes d'une catastrophe naturelle ou d'origine humaine, les Etats ou les pouvoirs politiques en question violent gravement ce qu'il y a de plus sacré, le principe d'assistance à personne en danger. Cette situation ne peut rester sans effet. La protection de la vie humaine est une loi naturelle. Elle est entérinée par la quasi-totalité des constitutions et par l'ensemble des coutumes et us. Il est donc absurde qu'un pouvoir ou une entité politique se refuse à un moment donné de protéger les vies humaines ou empêche qu'elles soient prises en charge. Une telle attitude ne peut s'expliquer que par un maladroit positionnement et une appréciation fortement erronée du bien de l'humanité. C'est pour cela qu'une telle attitude se doit d'être corrigée. Et l'ingérence en est un moyen parmi d'autres. Elle n'est sans doute pas le moyen plus approprié. Existe-t-il une autre procédure plus conséquente ? Sans doute. Mais dans les conditions actuelles, il nous semble que la réalité dont le terme « ingérence » rend compte reste d'une importance considérable même si la transformation de cette nécessité réelle en droit spécifique nous paraît encore forcée.

---

[10] M. Bettati, *Introduction et commentaires au Droit humanitaire*, coll. Points, Essai, Ed. du Seuil, Paris, 2000.

Reconnaissons par ailleurs que cette exigence n'est pas sans importance. Considérons par exemple la complexité des conflits et la mise en œuvre des techniques de guerre de plus en plus destructives qui exposent les humanitaires aux grands risques de leur vie. Ceux-ci demandent à juste titre que leurs actions soient protégées par un certain nombre de lois qui soient ratifiées par tous. Ils demandent donc de donner un cadre juridique à l'action humanitaire. Ce cadre offrira au moins deux avantages. Il donnera des garanties sécuritaires au déploiement de l'action humanitaire. De fait, les humanitaires bénéficieraient d'un libre accès aux zones de grande urgence humanitaire dans les circonstances précisément où les conflits armés rendent particulièrement délicat le déploiement d'une action humanitaire. Et ce cadre juridique produira *a contrario* un effet dissuasif à l'égard des Etats enclins à violer les droits humains. Ceux-ci se trouveront dans l'obligation de répondre de leurs actes devant la communauté internationale. Ainsi, donner une base juridique à l'action humanitaire placerait les Etats et les leaders politiques enclins à violer les droits humains dans l'obligation de répondre de leurs actes. Ce sceau de légalité donnera aussi une plus large possibilité aux organismes humanitaires de connaître au mieux la situation des populations en détresse.

1.2. L'ingérence humanitaire en tant que droit

La vie est certainement le bien le plus précieux. Aussi veillons-nous à l'entretenir. Cette disposition intérieure commande et oriente qualitativement notre agir[11]. Toutes les autres nécessités trouvent en elle leur fondement ultime[12].

Assister une personne en danger est une obligation qui découle de cette disposition inscrite au cœur de l'homme et place au premier plan de l'agir humain, le respect de la vie. C'est un devoir, autrement dit, une obligation qui découle de notre législation intérieure. L'inclination qui nous porte à préserver et à protéger la vie en tant que bien suprême se décline sous plusieurs noms, allant de la miséricorde à la charité, de la bienveillance à la sollicitude, du sens d'humanité au bien universel. Quel que soit le nom par lequel on désigne cette intuition à respecter et à protéger la vie, nous sommes fondamentalement portés à prendre soin de la vie en danger et à prévenir tout acte susceptible de la fragiliser.

Le devoir de préserver la vie est progressivement passé du domaine particulier au domaine général. Il a fallu bien du temps comme le montre l'évolution des dispositions juridiques sur le secourisme dans les conflits armés au milieu du XIXe siècle pour que les interventions en faveur des populations en détresse revêtent un caractère juridique plus universel. Jusqu'à lors, l'intérêt portait sur des cas particuliers sans une base juridique universellement établie.

---

[11] M. Liegeois, « Eléments pour une éthique de l'intervention en relations internationales » in *Pour une éthique de l'ingérence. Quelles limites à l'ingérence ?* op. cit. pp. 13-17.

[12] La vie, rappelait Saint Jean Paul II, « est toujours un bien. C'est là une intuition et même une donnée d'expérience dont l'homme est appelé à saisir la raison profonde », cf. *Evangelium vitae,* n° 34.

1.2.1. Le passage du devoir au droit

Le philosophe Jean-François Revel semble être le premier à avoir employé l'expression « devoir d'ingérence ». On retrouve en effet ce concept dans son article publié dans le magazine *L'expression* en 1979 sur les dictatures de Jean-Bebel Bokassa et d'Idi Amin Dada. Ce concept est repris plus tard par Bernard-Henri Lévy à propos de la situation qui prévalait au Cambodge. Le passage du « devoir d'ingérence » au « droit d'ingérence » n'est intervenu qu'environ dix ans plus tard. Tel qu'il fut énoncé par ses promoteurs, le concept de « droit d'ingérence » était à n'en point douter une nouvelle approche de l'autonomie des Etats en rapport avec le devoir d'assistance à personne en danger. Nouvelle norme de la politique internationale, le « droit d'ingérence humanitaire » voudrait articuler le principe de souveraineté des Etats avec l'éthique de détresse.

Il importe de souligner que cette plus grande conscience du respect de la personne humaine est l'aboutissement d'une longue histoire. Le développement des idées politiques et philosophiques, la nouvelle approche de la personne humaine marqué un souci croissant pour le respect des droits humains, tous ces acquis du sens de l'humanité en relation surtout avec le potentiel particulièrement destructif des armes et des techniques mises en œuvre pendant les conflits armés appellent à la reconnaissance d'un droit au plan international qui vise à encadrer le déploiement de l'action humanitaire.

L'action humanitaire est donc appeler à passer du simple devoir moral à une obligation juridique. Son efficacité en dépendrait. Tant qu'elle relèvera du devoir moral l'action humanitaire sera sujette aux conditionnements et aléas des stratégies politiques et économiques des grandes puissances.

1.2.2. Du devoir d'assistance au droit d'ingérence humanitaire

On définit généralement le devoir par ce par quoi on est tenu de faire ou de ne pas faire. Le devoir est donc une obligation, autrement dit, ce par quoi on est lié en vertu d'une loi, d'une règle ou d'un principe dicté par la conscience et par la raison. Au sens fort, il n'y a pas de devoir subi. Quel qu'il soit, le devoir est toujours approuvé par la conscience et la raison. On ne saurait dire pour ce qui est du devoir qu'on agit malgré soi. Le devoir est un acte de la volonté libre. Il se croise avec le droit en ce qu'ils s'exercent sur une même matière à savoir la liberté en tant que capacité de se donner les lois. En considérant les deux formes du droit, c'est-à-dire le droit en tant que doctrine systématique se subdivisant lui-même en deux branches, le droit naturel et le droit positif ou statutaire et le droit en tant que pouvoir moral d'obliger les autres, il importe de relever que de manière générale le droit se définit comme l'ensemble des conditions auxquelles la liberté de chacun s'accorde avec celle des autres. Le concept de droit se pose ainsi pour critère définition, la loi universelle de liberté. Elle est en définitive le seul droit inné que possède l'homme. Le droit se comprend de fait comme l'ensemble des normes hiérarchisées, globales et impersonnelles, procédant de la loi et ayant pour finalité l'organisation de la vie sociale.

Son autorité est garantie par la puissance publique en tant que pouvoir légitime.

Pour ce qui est de l'action humanitaire, on pourrait indifféremment parler du devoir ou du droit dans la mesure où il s'agit en tout et pour tout de la volonté humaine qui, éclairée par la raison et fondée en liberté, légifère sur une matière donnée en tant qu'elle requiert une grande importance.

L'homme est en soi une fin. Toute l'œuvre de la création concourt en effet à sa formation. On ne s'étonne donc pas que notre volonté délibérative inscrit parmi les principes fondamentaux, le respect de la nature et de la vie humaine dans toute sa généralité. Elle écarte ainsi toute action susceptible de compromettre son éclosion, son épanouissement et sa croissance.

Alors pourquoi l'expression « devoir d'ingérence » souffrirait-elle d'incomplétude et exigerait-elle d'être supplantée par celle de « droit d'ingérence » quand on sait que les deux expressions découlent d'une même volonté délibérante ?

En voyant bien les choses, on se rend compte que les deux expressions se réfèrent à deux domaines de compétence tout à fait différents : le droit et l'éthique. Une question se pose alors. L'action humanitaire en acquérant le caractère juridique cessera-t-elle d'être fondée en morale ou en s'y fondant au départ, souffrirait-elle tant au point de revendiquer un contenu juridique ? On ne saurait donc pas parler dans ce contexte de passage « nécessaire » du devoir au droit.

Il s'agit plutôt d'une réclamation d'audience, de statut et de privilèges au plan juridique d'une réalité dont la morale en tant que domaine de compétence a déjà validée du moins au point où nous en sommes[13].

La vérité des choses est que le droit est davantage lié à la politique et la question de l'ingérence humanitaire se pose de manière plus cruciale dans la sphère politique. Il ne s'agit donc pas tant d'opposer la morale au droit ou de chercher à concilier brutalement la morale et le droit comme on s'attèle à le faire jusque-là. Le plus important est de chercher à comprendre comment la réalité qu'évoque le concept de « droit d'ingérence humanitaire » s'harmonise-t-elle avec les principes régaliens en général. Il est question de fonder en droit la légitimité de « l'ingérence humanitaire » en rapport avec le principe de souveraineté des Etats ?

Cette question va faire l'objet d'un long développement dans les chapitres qui suivent. Pour le moment, nous allons nous appesantir sur la place que le droit des Etats peut concéder à l'ingérence humanitaire.

2. L'ingérence humanitaire et le droit propre des Etats

La réalité dont l'expression « ingérence humanitaire » rend compte semble aussi nécessaire que légitime. Elle participe de la finalité même de l'action sociale dans son ensemble. Mais quelle intelligence peut-on se faire justement de ce principe ?

---

[13] Il faut dire à ce niveau que certains auteurs préfèrent parler de devoir d'assistance que de devoir ou de droit d'ingérence. Cf. T. Todorov, *Mémoire du mal, tentation du bien. Enquête sur le siècle,* Paris, R. Laffont, 2000.

2.1. L'ingérence humanitaire et le principe de souveraineté des Etats

Il nous paraît judicieux de circonscrire au demeurant les différentes déclinaisons du terme « souveraineté pour apprécier au mieux le sens de l'expression « principe de souveraineté ».

Relevons que la souveraineté en tant principe déterminatif de l'Etat est en fait une transposition au niveau de l'Etat des prérogatives qu'avait le souverain. On comprend ainsi pourquoi John Austin définissait la souveraineté comme le droit d'un souverain de disposer, soutenu par la menace des sanctions. Ce droit d'Etat exclut en principe l'existence d'un droit « international » qui implique une instance de contrôle au-delà du droit propre des Etats. La souveraineté n'est en réalité qu'un pouvoir domination du point de vue surtout interne, manifesté au niveau externe comme une propriété spécifique : l'autonomie.

La conception que nous avons aujourd'hui de la souveraineté des Etats, entendue comme absence d'une autorité reconnue au-dessus des Etats, est admise depuis les accords de Paix de Westphalie. Elle traduit la volonté de nombreux politiques de voir les Etats s'affranchir de contrôle des Empires. L'année 1648 inaugure alors un nouveau protocole dans les relations interétatiques. Toutefois, l'ordre international à cette époque se limitait géographiquement aux frontières de l'Europe. L'ouverture du monde européen aux autres contrées du monde avec le processus de la colonisation obligera à donner un autre sens à la souveraineté. Elle apparaissait aux européens comme le droit de mener les conquêtes coloniales sans répondre à aucune instance.

La formation de nombreuses institutions internationales au sortir de la deuxième guerre mondiale et l'accession des pays colonisés à l'indépendance allaient encore modifier le sens de la souveraineté.

En effet, en adhérant aux institutions internationales, l'Etat perd pour ainsi dire l'exercice absolu de sa souveraineté pour faire consensus avec les autres. Partant, chaque Etat se sent véritablement solidaire des autres. Et sa souveraineté ne se saisit plus tellement comme un rapport de domination ou d'exclusion réciproque. Ce que le système international gagne dans cette nouveauté est certainement le déplacement de l'instance de décision et la possibilité d'envisager une ingérence dans le but de maintenir la paix internationale et dans le cadre humanitaire.

L'exercice de décision qui revenait aux Etats dans le système westphalien est déplacé à un autre niveau dans le droit international. Cela est du moins valable dans les principes. Car, à bien voir les choses, les décrets et les décisions des institutions internationales ne sont jamais autre chose que l'expression des volontés des Etats qui les composent. Il y a donc conservation de la prééminence des Etats telle qu'elle est définie dans le système westphalien à la différence qu'elle s'exerce à un autre niveau. De fait, le droit international actuel reste profondément influencé par le système westphalien. Toutefois, la souveraineté en tant que principe déterminatif des Etats ne se comprend au mieux que dans un double rapport qui consiste d'une part en l'interdiction réciproque de chacun des Etats de s'immiscer dans les affaires intérieures des Etats et dans l'obligation respective de tout Etat de se conformer à la législation internationale d'autre part. On ne parlera véritablement de souveraineté des Etats que si ces deux conditions sont réunies. Or bien souvent, on privilégie le premier aspect au second.

En instrumentalisant le principe de non-intervention dans les affaires intérieures des Etats contre l'obligation de conformité des Etats aux dispositions de l'ordre international, les leaders politiques manquent souvent d'observer que le respect de souveraineté qu'ils réclament pour leurs pays est corolaire au respect des engagements pris au niveau international. Ainsi, un Etat ne peut se réclamer souverain que pour autant qu'il respecte en même temps ses engagements internationaux. Ces engagements sont constitués de conventions, de règlements, de lois et de principes codifiés dans un corpus ouvert qui fixe l'idéal commun des peuples projeté dans le temps. Ainsi, il existe pour tout Etat engagé internationalement des lois supranationales auxquelles s'articulent les lois nationales. Les premières ne contredisent pas les secondes, elles ne les absorbent pas non plus.

Comme il n'existe d'Etat que par rapport aux autres, chaque Etat se détermine alors par rapport aux autres sur fond de la législation qui les établie ainsi. La souveraineté est donc tout à la fois affirmée et reconnue. Elle est affirmée dans la manière propre des Etats d'être en tant qu'une entité autonome. Elle est reconnue selon sa manière d'exercer cette autonomie.

En prenant une autre grille de lecture[14], on pourrait se faire une intelligence du concept de « souveraineté » en se référant au caractère suprême d'une puissance pleinement indépendante – l'Etat – ou le peuple en tant que « *corpus politicum* ». A ces deux premières dimensions de la souveraineté on peut ajouter une troisième, la dimension juridique qui pose la souveraineté comme l'étendue et les limites assignées au pouvoir politique. La souveraineté peut ainsi être définie à partir de ces trois dimensions dans leur approche interne et externe.

Dans sa conception interne, la souveraineté étatique renvoie à l'idée d'une puissance pleinement indépendante. Deux principaux traits caractérisent alors la souveraineté. Il y a tout d'abord le trait quantitatif qui rend compte des prérogatives exercées par l'Etat et le trait qualitatif qui rend davantage compte du principe d'exclusivité et de supériorité[15]. Ce dernier trait fait coïncider la souveraineté avec l'autorité ultime d'une communauté politique qui est sensée briser toute forme de résistance des sujets ou protagonistes rivaux. De fait, la souveraineté dans sa dimension étatique consiste en la disposition « d'une capacité législative exclusive et du monopole de la violence légitime dans un territorial défini[16] ». L'exercice d'une telle autorité est confié à une seule personne d'après le principe d'unité et d'indivisibilité. Ainsi, même s'il peut avoir plusieurs

---

[14] C'est la démarche que propose B. Delcourt, cf. « Souveraineté de l'Etat versus droits de l'homme ? Une apparente contradiction », in *Pour une éthique de l'ingérence. Quelle limite à l'ingérence,* Commission Justice et Paix, op. cit. pp. 19-28.

[15] B. Delcourt, *op. cit.* pp. 21-23.

[16] B. Delcourt, *op. cit.* p. 22.

instances qui exercent cette autorité, l'Etat reste la seule forme institutionnelle qui l'incarne au plus haut niveau.

A l'opposé de la dimension étatique de la souveraineté, il y a cette dimension de la souveraineté qui s'origine dans le « *corpus politicum* ». Ici, la souveraineté ne se comprend que par rapport à la volonté du peuple. On doit à Rousseau cette évolution de l'idée de la souveraineté. L'Etat est une autorité au-dessus de laquelle il n'existe aucun autre pouvoir que le peuple. La souveraineté ici découle de la volonté générale.

Delcourt fait remarquer ici qu'en partant de cette première approche de la souveraineté, on se rend bien compte que l'idée de la souveraineté en tant que pouvoir illimité ne tient pas vraiment la route. La souveraineté, souvent comprise comme un pouvoir absolu, est en fait limitée par le droit naturel et par l'ensemble de coutumes qui déterminent dans leur ensemble l'agir humain. Il s'élabore dans ce pouvoir ainsi compris comme absolu, des manières spécifiques de faire et d'être qui concourent au mieux-vivre de l'ensemble de la population : l'Etat de droit. Ce principe est destiné à « prémunir le citoyen contre l'arbitraire de l'Etat » ; il tend paradoxalement à légitimer l'autorité de l'Etat en tant qu'institution destinée à garantir les droits des personnes et les libertés fondamentales.

Au niveau externe, la souveraineté dans sa dimension étatique se comprend comme le « principe fondateur » de la communauté internationale basé sur les Etats indépendants les uns des autres. Dans cette perspective, la souveraineté est synonyme de neutralité par rapport à tout pouvoir ou toute puissance extérieurs.

Définie par rapport au peuple, la souveraineté au point de vue externe se comprend comme l'interdiction d'interférer dans les choix politiques d'un peuple. Il s'agit bien entendu ici de l'affirmation du principe d'autodétermination des peuples. Le principe de souveraineté des Etats apparaît de ce point de vue comme le droit de direction reconnu à un Etat, assorti d'un pouvoir de commandement et de contrainte ayant une valeur universelle et s'exerçant dans les limites de sa superficie.

La souveraineté définie par la volonté générale est aussi tempérée au niveau externe par le droit naturel, le principe de prudence et le droit international positif. En s'engageant internationalement, le pays s'autolimite l'exercice quasi-absolu de son autorité pour en céder une partie à la communauté internationale. C'est à ce prix qu'il y a possibilité d'organiser une société des nations. Cela ne voudrait pas dire qu'il n'y a plus de domaines réservés. Il y a plutôt une conditionnalité constitutive de la société internationale qui passe par un dessaisissement de certains compétences et privilèges au niveau national. Il s'élabore ainsi une nouvelle plate-forme juridique au-dessus des constitutions nationales qui fonde en droit la société internationale. Cette nouvelle constitution ne remet pas en question celle des Etats respectifs. Elle est en effet rendue possible par la volonté délibérée de chaque Etat de s'unir pour former une société internationale.

En tenant compte de ces différentes approches de la souveraineté, il apparaît assez clair qu'en fondant en droit l'ingérence humanitaire, on ne porte pas atteinte au droit des peuples de disposer d'eux-mêmes. Car en adhérant aux Nations Unies, chaque Etat membre exprime par cet acte sa volonté de se conformer à la réglementation internationale. Cette adhésion n'est pas moins un dessaisissement partiel de certains de ses privilèges et droits qui lui revenaient en propre. Le fait donc que les Nations Unies demandent des comptes à un Etat qui s'est engagé internationalement ne peut plus être perçu comme une violation du principe de non-intervention dans les affaires intérieures de cet Etat[17]. C'est tout le contraire. L'ingérence est pour ce cas précis la conséquence logique qui découle de la nouvelle modalité des rapports qui se sont établis entre cet Etat et les Nations Unies. De fait, la souveraineté ne peut plus être perçue comme un ensemble de prérogatives et des droits que les Etats disposent de manière absolue dans leurs rapports envers les autres. Et cela ne s'entend pas non plus comme une ouverture illimitée pour la communauté internationale d'interférer dans la politique nationale des Etats.

La souveraineté du point de vue externe – dans les relations d'un Etat avec les autres Etats – est aussi tempérée par les normes et règlements qui régissent la politique et le droit international. Ces normes et règlements dérivent tout naturellement du droit divin ou naturel, du principe de prudence et du droit international positif. La souveraineté des Etats s'autolimite par les règlements et les principes dont les Etats consentent librement à observer. Qu'il arrive par conséquent que les violations des droits de l'homme soient constatées dans un pays qui s'est engagé internationalement, il est de bon droit que les comptes soient demandés d'autant plus

[17] M. Bettati, *Le droit d'ingérence, op. cit.* p. 14-20.

qu'en la matière une compétence extra-étatique a été conférée à un organe qui agit au nom de la communauté internationale. Cette demande ne saurait être considérée comme une atteinte à la souveraineté. Au contraire, en répondant à cette requête, ledit Etat exerce plutôt pleinement sa souveraineté.

De ce point de vue, il n'y aucune contradiction entre le principe de souveraineté des Etats et le droit dit d'ingérence du point de vue surtout de la finalité deux droits.

Une approche *sui generis* de la souveraineté tend à dissocier les deux premières approches de la souveraineté pour en proposer une conception conditionnelle avec pour critère de légitimité, le respect des droits et des libertés fondamentales. Ainsi, le principe de non-intervention dans les affaires intérieures des Etats sera d'autant respecté que le seront les droits et les libertés fondamentales. Partant, l'ingérence en tant que *lege ferenda* doit être envisagée comme un moyen de redressement. Cette dernière approche de la souveraineté ne se comprend que par rapport à la tendance actuelle à placer les droits humains au-dessus des autres obligations civiles et politiques.

2.2. Le principe de non-intervention dans les affaires intérieures des Etats

La non-ingérence est une interdiction faite à tout Etat de s'immiscer dans les affaires internes ou externes qui relèvent de la compétence exclusive d'un autre Etat. En 1979, un ministre des Affaires étrangères français donnait un sens éloquent à ce principe : « Conformément à sa doctrine de non-ingérence dans les affaires internes d'un Etat souverain [...] le gouvernement français s'abstient en règle générale de porter de manière publique des appréciations sur le fonctionnement des institutions d'un pays étranger, et en particulier sur la légitimité des décisions de justice prononcées par la juridiction dudit pays »[18].

Ce principe est fondamental dans les relations interétatiques. Il détermine le régime des rapports entre les Etats. Il a été réaffirmé dans de nombreux textes internationaux dont le plus important est l'article 2 de la Charte des Nations Unies[19]. Ce texte n'autorise pas les Nations Unies d'intervenir dans les affaires qui relèvent essentiellement de la compétence d'un Etat. Il n'oblige pas ses membres à soumettre les affaires de ce genre à une procédure de règlement tel que prévu par la Charte des Nations Unies. Le principe de non-intervention est aussi rappelé par la résolution 26/25 du 24 octobre 1970 qui traite des relations amicales et de la coopération entre les Etats : « Aucun Etat ni groupe d'Etats n'a le droit d'intervenir directement ou indirectement pour quelque raison que ce soit dans les affaires intérieures ou extérieures d'un autre Etat ». « En conséquence, non seulement l'intervention armée mais aussi toute autre forme d'ingérence ou toute menace dirigé contre la personnalité d'un Etat ou contre les éléments politiques, économiques et culturels sont contraires au droit international ».

---

[18] Cf. J. Salmon, *op. cit.* p. 746.

[19] P. Dailler et A. Pellet, *Droit international public,* Librairie générale de la jurisprudence, Paris, 1994, p. 413.

La Charte des Nations Unies stipule aussi que « tout Etat a le droit inaliénable de choisir son système politique, économique, social et culturel sans aucune forme d'ingérence de la part d'un autre Etat ».

Ce principe est rappelé dans la résolution 26/27 du 24 octobre 1970 et est confirmé en 1981 par la Déclaration sur l'inadmissibilité de l'intervention de l'ingérence dans affaires intérieures des Etats. Il s'est constitué une jurisprudence relativement constante sur ce point. On se souvient de l'observation qu'avait faite la Cour internationale de justice à propos de l'affaire du Détroit de Corfou à savoir que le droit d'intervention comme la manifestation d'une politique de force ne peut plus trouver de place dans le droit international. Et c'est sur fond de cette jurisprudence constante que cette cour a condamné la violation de la souveraineté albanaise par la Grande-Bretagne.

Seule une demande dûment formulée et un agrément concédé par l'Etat concerné peuvent justifier une intervention. C'est pour cela que la Croix-Rouge a toujours subordonné son action humanitaire à cette demande ou cet agrément, restant sauves les dispositions du chapitre VII de la Charte des Nations Unies en matière des mesures de coercition.

2.3. Les exceptions au principe de non-intervention dans les affaires intérieures des Etats

Le principe de non-ingérence n'est pas absolu. Il est soumis à un régime juridique d'exception pour plusieurs raisons : défense légitime, intervention d'humanité…

Les dispositions de l'article 15 de la Charte des Nations Unies reconnaissent le « droit de légitime défense individuelle ou collective » en cas d'agression armée. Une intervention à tous les caractères de droit lorsqu'elle constitue une réponse à une violation de la légalité internationale.

Une exception de fait résulte aussi de l'action d'urgence entreprise par un Etat pour évacuer ses nationaux en péril dans un pays étranger à l'occasion notamment des interventions d'humanité qui, contrairement à des opérations de pure assistance, se caractérisent par la mise en œuvre de forces armées. Ces interventions sont souvent critiquées parce qu'elles tendent à violer le principe de non-intervention dans les affaires intérieures des Etats. On n'hésite cependant pas à leur reconnaître la légitimité dans la mesure où elles cherchent à restaurer la paix et à sécuriser la vie d'un grand nombre de personnes[20]. C'est bien ce que prévoit le chapitre VII de la Charte des Nations Unies. Ces dispositions entrent en vigueur en cas de menace contre la paix, de rupture de la paix ou d'actes d'agression. L'article 39 de la Charte reconnaît au Conseil de sécurité seul, l'autorité de constater l'existence d'une menace contre la paix, la rupture de la paix ou l'acte d'agression.

2.3.1. Ingérence humanitaire : actions politiques et militaires

L'ingérence humanitaire, on le sait, répond à une situation d'urgence et d'exception qui demande un

---

[20] G. Scelle, *Droit international public,* Paris, Domat Montchrestien, 1994, p. 622.

traitement spécifique. Elle consiste à porter le secours à un grand nombre de personnes exposées à un grave danger humanitaire. Et cela, dans le contexte entre autre où les autorités gouvernementales ne parviennent plus à garantir la sécurité de leurs populations ou qu'elles les exposent à une réelle menace de leur vie. Sont aussi pris en compte, des cas où les troupes irrégulières mêlées à des populations se servent de celles-ci pour maintenir leurs positions en créant par l'effet des armes, un climat de dissuasion pesant. Dans ces cas précis, l'ingérence vise à sortir ou à prendre en charge les personnes ainsi prises entre les feux ou contraintes de vivre dans les conditions inhumaines. L'ingérence humanitaire a aussi pour but de chercher à imposer la paix et la sécurité dans les zones en conflit. C'est dans ce contexte que les casques bleus interviennent le plus souvent.

Prônant l'assistance comme premier devoir de la communauté internationale, le Saint-Siège souligne que pour être suffisante et efficace, l'ingérence humanitaire doit procéder d'une volonté politique qui fixe des objectifs clairs aux interventions susceptibles de sauver des populations entières prises en otage. Elle peut avoir besoin à cet effet de l'appui de la force à travers des interventions ponctuelles, mesurées et fermement exécutées. Le courage de la paix reste en effet le leitmotiv de toute intervention.

Dans la résolution 1234, les Nations Unies ont condamné en 1999 la poursuite des activités de tous les groupes armés en République Démocratique du Congo dont les ex-Forces armées rwandaises, les Interahmwe et le soutien dont ils bénéficiaient. Elles ont soutenu le processus de médiation régionale mené par l'Union africaine et la Communauté de développement de l'Afrique australe dans le but de parvenir à un règlement pacifique du conflit. C'est en effet grâce à l'intervention politique et militaire de la Communauté internationale que la paix est revenue en RDC.

En Côte d'Ivoire, les événements du 19 septembre 2002 avaient constitué un tournant décisif dans l'histoire de ce pays. Ces événements avaient divisé le pays en deux blocs farouchement opposés. La partie septentrionale était contrôlée par les rebelles tandis que la partie méridionale était restée sous le contrôle de l'Etat. A travers « L'opération Licorne », l'armée française contribua à protéger les ressortissants français et les étrangers vivants dans le pays. Elle avait par la suite imposé une « zone de confiance » entre les deux parties. Plusieurs initiatives visant à ramener la paix en Côte d'Ivoire furent engagées à mesure que durait le conflit. Le 13 mai 2003, le Conseil de sécurité adopta la résolution 1479 qui établissait la Mission des Nations Unies en Côte d'Ivoire (M.I.N.U.C.I). Cette dernière fut remplacée le 4 avril 2004 par l'Opération des Nations Unies en Côte d'Ivoire (O.N.U.C.I.) dont les premiers effectifs étaient constitués de quelques 1300 soldats de la Communauté économique des Etats de l'Afrique de l'Ouest (C.E.D.E.A.O.). Le 21 octobre 2005, le Conseil de sécurité prit la résolution 1633 qui confortait la décision du Conseil de paix et de sécurité de l'Union Africaine selon laquelle le président ivoirien Laurent Gbagbo demeurerait au pouvoir pour une période n'excédant pas un an. Cette résolution autorisa aussi la mise en place d'un Groupe de travail international (GTI). Elle fut appuyée par la nomination d'un nouveau premier ministre disposant de larges pouvoirs. Le conflit survenu après la proclamation des résultats des élections présidentielles reposa la question de l'intervention internationale. La Communauté économique des Etats de l'Afrique de l'Ouest estimait alors que l'intervention même militaire était une éventualité pour faire respecter le verdict des urnes et ramener la paix en Côte d'Ivoire. Et on sait aujourd'hui dans quelles conditions cette crise a pris fin.

Les réserves de nombreux Etats à propos des interventions de cette nature ne manquent pas. La plupart de pays décolonisés n'ont souvent vu dans les propositions d'aide que des prétextes de la part des grandes puissances pour contrôler certains de leurs domaines de ressources. En effet, l'aide au développement est-elle vraiment dissociable de l'ingérence ? Ce qui est pour le moins certain c'est qu'elle vise toujours un intérêt quelconque (géostratégique, économique, commercial ou culturel)[21]. Telle qu'elle est gérée par l'Union européenne, l'aide au développement entre dans sa politique stratégique de gestion des affaires du monde et de ses intérêts.

Compte tenu de tous ces paramètres, toute intervention en dehors des cas d'urgence doit être soumise à l'appréciation de l'Etat bénéficiaire. Autrement elle est illicite. Une résolution des Nations Unies a précisément clarifié le cadre de déploiement de l'action humanitaire. Les Nations Unies ont rappelé que le principe de non-intervention comprenait le « devoir d'un

---

[21] F. Orban-Ferauge, « Le droit d'ingérence dans les relations internationales ». *Pour une éthique de l'ingérence. Quelles limites à l'ingérence*, op. cit. p. 7.

Etat de s'abstenir d'exploiter ou de déformer les questions relatives aux droits de l'homme dans le but de s'ingérer dans les affaires intérieures des Etats[22] ». En effet, les contres exemples en cette matière ne manquent pas. Le cas le plus illustratif est certainement l'intervention des Etats-Unis en Irak. Les récentes interventions en Côte d'Ivoire et en Lybie appellent aussi à une analyse critique des faits.

2.3.2. Ingérence humanitaire : actions sur le plan sanitaire, alimentaire et éducatif

Du point de vue du Comité international de la Croix-Rouge, il n'y a qu'un seul objectif : travailler « à l'application fidèle du droit international humanitaire dans les conflits armés[23] ». Pour ce mouvement, le respect de la volonté des gouvernements est loin d'être son objectif. L'histoire du droit international humanitaire rend compte d'un « grignotage » non désintéressé mais pourtant progressif de la sphère réservée à la souveraineté nationale au profit de l'action humanitaire. Cette dernière a introduit dans les Conventions de Genève de 1949, en son article 3, les dispositions juridiques donnant droit à des organismes humanitaires impartiaux tels que le Comité International de la Croix-Rouge d'offrir ses services à chacune des parties en conflit. La Croix-Rouge mène ainsi des actions de secours aux populations civiles qui manquent de biens essentiels dans les territoires sinistrés et dans les zones en conflit. Tel est

---

[22] Cf. A. Demaugé Bost, op. cit.

[23] Lettre C des Statuts du Mouvement international de la Croix-Rouge et du Croissant-Rouge, article 5, § 2.

le but essentiel de ses principes fondamentaux. Le principe d'humanité qui lui enjoint de s'efforcer « de prévenir et d'alléger en toutes circonstances les souffrances des hommes » y trouve son fondement. Négocier dès lors avec les gouvernements ou avec les autorités dissidentes n'est pas tellement son objectif mais un moyen nécessaire pour tenter d'atteindre aussi efficacement que possible l'objectif posé par le principe d'humanité.

L'action de *Jesuits Refugee Service* (JRS) au Congo-Brazzavile après la guerre de 1997 a permis la construction de plus de 120 maisons et a accordé une aide essentielle en matière de soins de santé en créant des structures médicales au profit des victimes de guerre. En 2005, dans le cadre de la collaboration avec le Haut-Commissariat des Nations Unies pour les Réfugiés (UNHCR) et le Secours Catholique et Développement (SECADEV), le *Jesuits Refugee Service* a contribué à l'éducation des réfugiés soudanais dans deux camps situés à l'Est du Tchad : Farchana et Kounougou[24]. Le Haut-Commissariat des Nations Unies pour les Réfugiés a toujours apporté une aide alimentaire importante aux victimes de guerre et des catastrophes naturelles. Ceci pour contribuer au bien-être des personnes en situation d'extrême pauvreté.

Ces organismes répondent à des situations d'urgence. Elles ont toujours attendu d'avoir les agréments préalables des Etats respectifs d'autant plus que le climat général qui prévaut dans les différents cas de figure ne

[24] M. Mekonnodji Nadingam, Rapport d'activités du secteur éducation dans les camps des réfugiés à l'Est du Tchad, janvier-avril 2005.

facilite pas toujours les choses. Dans la plupart des cas, la structure administrative des Etats est quasi-inexistante. Si elle existe encore, elle tient davantage par la force des armes ou par d'autres logiques que par le respect des principes républicains.

Pour ce qui est des Nations Unies, la gravité des situations est souvent telle que le Conseil de sécurité fait prévaloir son rôle de police internationale.

2.3.3. Ingérence humanitaire : les actions sur le plan judiciaire, le respect des libertés fondamentales et la lutte contre la corruption

L'ingérence peut aussi bien toucher la sphère judiciaire ou porter sur la défense des droits de l'homme, la liberté de presse et la lutte contre la corruption.

Pour juger des crimes contre l'humanité et des violations graves des droits humains, il a été institué une Cour pénale internationale (C.P.I.). Dans le même élan, les tribunaux belges se sont donné les compétences universelles en matière d'abus et de violation des droits de l'homme. L'établissement de ces compétences vise à suppléer les faiblesses des juridictions nationales dont on estime à tort ou à raison qu'elles ont du mal à faire entendre le droit sur un certain nombre de questions d'importance capitale. Il s'agit bien entendu des crimes contre l'humanité et des génocides. Déterminés à mettre un terme à l'impunité des auteurs de ces crimes et concourir par ce fait même à prévenir de nouveaux crimes, la Cour pénale internationale et les tribunaux belges exigent des Etats la soumission des coupables de ces crimes[25].

Suite à la disparition des réfugiés au beach de Brazzaville au sortir de la guerre du 5 juin 1997, une action a été ouverte en justice en France. Le Congo avait vite réclamé la compétence de ses juridictions pour connaître de ces chefs d'accusation et appelé au respect des compétences. Malgré le verdict rendu par les juridictions congolaises au terme d'un procès hautement médiatisé, un tribunal de l'Hexagone s'est récemment reconnu compétent pour connaître de ce dossier en raison du poids des accusations d'une part et des vices des procédures dénoncées par certains organismes d'autre part. La reprise de cette affaire par la communauté internationale s'expliquerait donc par le souci de faire respecter le droit.

Il importe de relever à ce point que des lobbyings importants se mettent de plus en plus en place pour exercer des pressions considérables sur les Etats ou sur certains leaders politiques en vue de les contraindre à adopter des politiques favorables à leurs intérêts. Dans ce sens, une ingérence humanitaire peut être déclenchée pour servir à des fins pernicieuses. Il n'y a qu'à considérer à titre d'exemple l'interpellation de Jean Pierre Mbemba par la Cour pénale internationale pour les massacres perpétrés en République centrafricaine et dans quelques localités de la RDC. L'on sait pourtant que l'évolution de la donne politique en RDC n'est pas sans influence avec

---

[25] Cf. Le préambule du statut de Rome de la Cour Pénale Internationale.

cette mise en avant de l'affaire Mbemba. L'affaire des disparus du beach de Brazzaville répond à cette même logique.

Il y a eu certainement des disparus au beach de Brazzaville dans le mouvement de retour des populations de Kinshasa vers Brazzaville. Mais les chiffres avancés par certains organismes dits de défense des droits de l'homme sont tout simplement hallucinants. Et les identités des personnes supposées disparues sont peu vérifiables. Les bruits qui courent rues de Brazzaville révèlent qu'un grand nombre des personnes déclarées disparues vivent bel et bien à travers les quartiers de Brazzaville.

Après une guerre comme celle de Brazzaville, les règlements de compte individuels et collectifs entre les camps jadis opposés étaient inévitables, d'autant plus que ceux qui en étaient des grands acteurs étaient des civils armés. Et dans leur effort d'instaurer un climat de paix à la fin des hostilités, les responsables militaires n'avaient pas de plus grande peine que contrôler les actions des groupes armés[26]. Le sens républicain obligeait. Avaient-ils agi autrement ? Cette question mérite tout à fait une réponse claire et objective.

Il est cependant une tendance aujourd'hui à faire peser arbitrairement plus de responsabilité du côté des autorités militaires en délaissant l'aspect des règlements de compte incontrôlés entre les populations, une manière de récuser

---

[26] Ces groupes armés étaient appelés « écuries ». Ils avaient à leur tête un seigneur de guerre. C'était pour la plupart un officier militaire ou un civil guerrier. Ces fractions armées ne représentaient pas moins les identités ethniques. Chaque leader politique était porté en avant par l'ethnie ou le groupe social auquel il s'identifiait.

le passif des autorités militaires en tant qu'ils étaient des garants de la sécurité des biens et des personnes.

Le rebondissement rythmique de cette affaire à des moments cruciaux de la vie politique tend à conforter l'idée d'une exploitation stratégique de cette affaire. On ne saurait parler ici d'une réelle implication de la communauté internationale dans cette affaire judiciaire. Il s'agit d'une magnifique instrumentalisation de l'affaire. Il importe donc de bien distinguer l'implication volontariste de la communauté internationale dans certaines affaires intérieures des Etats de l'action des lobbyings sur les institutions internationales.

Amnesty International effectue depuis 1961 un travail considérable dans la défense des droits de l'homme. Il travaille à faire entendre la voix des populations dont les droits sont bafoués. Amnesty International s'ingère tout bonnement dans les affaires pour ainsi dire réservées des Etats. Elle dérange même puisqu'elle foule presqu'au pied le principe de souveraineté des Etats.

Sur le plan de la presse, les Reporters sans frontières mènent des actions auprès des Etats qui violent les droits de liberté de presse. Leur intervention a pour but de promouvoir la liberté de presse et le respect des droits des journalistes. L'intervention du secrétaire général des Reporters sans frontières en 2006 auprès du Chef de l'Etat tchadien, Idriss Deby pour demander la libération des journalistes qui étaient condamnés et emprisonnés pour avoir publié des informations sur les rebelles tchadiens et les violences faites aux populations s'inscrivait bel et bien dans cette optique. Cette intervention a diligenté la libération desdits journalistes.

De nombreuses organisations non-gouvernementales interviennent aussi dans le cadre de la lutte contre la corruption. C'est le cas de Transparency qui mène des enquêtes sur la gestion de certains pays. En 2005, après des sérieuses études, cette organisation a publié un rapport classant le Tchad en tête des pays les plus corrompus. Ce rapport a été pris en compte par les Nations Unies et a influencé les rapports des institutions des Nations Unies avec le gouvernement tchadien tout au long de l'année 2006. Il s'agit là d'une intervention de lutte contre la corruption et la promotion de la bonne gouvernance.

Le devoir d'ingérence est donc en voie de consolidation coutumière avec le droit international contemporain. Il atteste la reconnaissance par l'opinion générale de l'ingérence comme un mode de procédure correctionnelle dans les relations interétatiques. Le devoir d'ingérence vise ainsi prioritairement le bien-être des populations en difficulté, la consolidation de la paix et la stabilité de la sécurité internationale.

3. Les principes de l'ingérence humanitaire

Il existe au moins trois traits caractéristiques de l'ingérence humanitaire : elle est engagée par la communauté internationale suivant les textes régissant le droit international ; elle porte sur un domaine qui est exclu légalement du domaine réservé et elle n'est envisagée que comme moyen subsidiaire par rapport au principe déterminatif de la nature propre des Etats en tant qu'une entité autonome. Née du respect de l'universalité des droits de l'homme, l'ingérence autorise la communauté internationale à demander des comptes aux Etas sur leur manière de traiter les sujets. Ce principe fonde le droit des victimes de la souffrance et impose des obligations à la communauté internationale et à des parties en conflit.

3.1. Le droit des victimes de la souffrance

Le Conseil de sécurité des Nations Unies dans sa résolution 26-27 du 24 octobre 1970 reconnaît aux opprimés le droit de demander et de recevoir l'aide morale et matérielle dont ils ont besoin. Cela n'implique pas un simple devoir d'assistance humanitaire mais un véritable droit d'ingérer dans les territoires où les populations sont soumises à des traitements inhumains. Dans la résolution 43-131 du 8 décembre 1988 relative à l'assistance humanitaire aux victimes des catastrophes naturelles et des situations d'urgence du même ordre, les Nations Unies accordent un rôle prééminent aux organisations non gouvernementales dans la prise en charge des populations en situation de détresse. Elles consacrent par-là même le droit des victimes à être secourues et le libre accès aux victimes[27].

---

[27] G. Lief, « Le droit d'ingérence humanitaire » in *Vous avez dit ingérence ?*, op. cit. pp. 44-45.

3.2. Les obligations de la communauté internationale

L'obligation des Etats ou des organismes humanitaires d'intervenir découle de l'obligation morale et humanitaire de prêter secours aux victimes des conflits armés, des catastrophes naturelles et d'autres situations de détresse. Le Conseil de sécurité dans sa résolution 770 du 13 août 1992 relative à la Bosnie avait par exemple encouragé les Etats à prendre à titre national ou dans le cadre d'arrangements régionaux toutes les mesures nécessaires pour faciliter l'acheminement des biens et autres produits aux populations par les organisations d'assistance des Nations Unies et d'autres chargées de l'humanitaire.

Dans le contexte où les vies humaines sont en danger, la communauté internationale se doit d'intervenir pour leur épargner des dommages. Les failles n'ont pas manqué dans l'exécution de cette obligation. Il s'agit en l'occurrence des erreurs commises dans les massacres au Rwanda et au Srebrenica entre les années 1994 et 1995 en présence des forces des Nations Unies chargées du maintien de paix. Pendant le génocide du Rwanda, les puissances occidentales ont brillé par une neutralité déroutante. Le Général Romeo Dallaire avait pourtant averti Kofi Annan[28] de l'imminence des exterminations sur le terrain. Mais ce dernier n'a pu exercer une grande pression pour faire éviter la catastrophe. La responsabilité lui revient-il en premier plan ou faut-il l'attribuer à William Clinton qui, redoutant une implication des forces américaines dans ce bourbier, demanda que les casques bleus soient évacués alors que les massacres avaient déjà

[28] K. Annan était à la tête du département des opérations de maintien de la paix (D.O.M.P) à New York.

largement commencé ? Un examen plus minutieux de la question devrait permettre d'établir l'ordre des responsabilités. Car le devoir d'ingérence implique aussi des responsabilités en cas de non-assistance à personne en danger.

Le 5 décembre 1992, le Saint Jean Paul II a fait connaître la position du Saint-Siège à propos de l'ingérence humanitaire à plus de mille délégués de cent cinquante pays qui participaient à la conférence internationale sur la nutrition[29]. Il avait à cet effet publié un discours vigoureux en appelant à une intervention musclée au nom de multiples affamés, victimes de la mauvaise répartition des richesses et des conflits armés. Il invitait des Etats à des interventions courageuses pour éloigner l'humanité du spectre de la faim et de la malnutrition. C'est « un devoir de justice » de s'engager avec détermination dans la voie d'une solidarité toujours plus active et indispensable pour que tous puissent partager équitablement les biens de la création. La communauté internationale a en effet le devoir d'aider les populations pauvres à se procurer l'indispensable ration alimentaire quotidienne de base. Il revient à la communauté internationale de faire la promotion de ce « droit fondamental à la nutrition » dont la concrétisation appelle pour chaque personne l'accès à la nourriture et à la sécurité alimentaire, à une alimentation saine et à la formation aux techniques de la nutrition. Tout cela pour permettre à tous de bénéficier des conditions de vie personnelle et communautaire qui garantissent « le

---

[29] Saint Jean Paul II, Allocution au cours de la conférence internationale sur la nutrition, *op. cit.*

développement plénier de tout être humain à tout moment de son existence ».

Ce rappel de l'enseignement social de l'Eglise catholique est déjà perceptible dans l'encyclique sociale *Populorum progressio*. Le Pape Paul VI y faisait observer en effet que devant les situations où la paix est absente, où la justice est bafouée, où le milieu naturel est détruit et où les populations entières sont exposées au grand danger de pouvoir satisfaire leurs besoins alimentaires essentiels, la communauté internationale a l'obligation morale d'agir pour mettre en application le droit fondamental à la nutrition. Car « il ne faut pas que les guerres entre les nations et les conflits internes condamnent des civils sans défense à mourir de faim pour des motifs égoïstes où partisans » [30] . Dans tous les cas, la communauté internationale doit assurer l'aide alimentaire et sanitaire et lever tous les obstacles y compris ceux qui viennent de recours arbitraires du principe de non-ingérence dans les affaires intérieures des pays.

Cette ingérence doit cependant être réservée à des à des situations d'extrême gravité. Elle concerne seulement la survie des peuples et des groupes ethniques. L'impératif éthique exige « que soit rendue obligatoire l'ingérence humanitaire ». Ainsi doit être comprise l'affirmation c'est « un devoir pour les nations et la communauté internationale ». Ce devoir concerne donc aussi bien les Nations que la communauté internationale.

Le 16 janvier 1993, Saint Jean Paul II a repris thématiquement la question de l'ingérence dans son discours au corps diplomatique accrédité auprès du Saint-Siège. Il soulignait en substance que l'Afrique était

---

[30] Pape Paul VI, *Populorum progressio*, 1967

victime de la misère et de la violence. Elle ne doit pas être abandonnée. Il avait aussi interpelé la communauté internationale par rapport à la misère et au cortège de violence qu'elle laissait courir à une grande partie de l'humanité. Au sujet de la tragédie de la Bosnie-Herzégovine, il notait : « la guerre d'agression est indigne de l'homme ; la destruction morale et physique de l'adversaire ou de l'étranger est un crime ; l'indifférence pratique face à des tels agissements est une omission coupable ; enfin qui se livre à ses actions en répondra non seulement devant la communauté internationale, mais plus encore devant Dieu ».

Quand les populations succombent à cause d'un injuste agresseur, l'ingérence s'impose. Les « Etats n'ont plus le droit à l'indifférence » ; « les principes de la souveraineté des Etats et la non-ingérence dans les affaires internes – qui gardent toutes leurs valeurs – ne sauraient toutefois constituer un paravent derrière lequel on pourrait torturer et assassiner ». C'est un devoir que de désarmer l'agresseur, devoir éventuel de coercition quand tous les moyens se sont avérés inefficaces. C'est alors qu'on peut envisager l'ingérence politico-militaire, sur l'initiative du Conseil de sécurité, conformément au chapitre VII de la Charte des Nations Unies, qui reconnaît le « droit d'entreprendre, au moyen des forces aériennes, navales ou terrestres, toutes actions qu'il juge nécessaires au maintien ou au rétablissement de la paix et de la sécurité internationale.

Comme l'a souligné le Cardinal Sodano, « les Nations et les Nations Unies ont le devoir et le droit d'ingérence pour désarmer celui qui veut tuer ». De même, la communauté internationale ne doit pas admettre que des raisons humanitaires soient évoquées par certains comme un écran pour cacher la poursuite d'intérêts propres et de troubler l'ordre international[31]. Voilà pourquoi, il est nécessaire d'encadrer les interventions humanitaires par des règles strictes afin d'éviter les éventuels abus ou excès de pouvoir.

Pour préserver les interventions humanitaires de l'arbitraire, Saint Jean Paul II a suggéré l'application des règles qui impliquent la conjonction de plusieurs éléments.

Premièrement, à la communauté internationale doit être soumise la constatation de ou des situations d'injustice imposées à des populations.

Deuxièmement, les actes qui sont reprochés au pays mis en cause doivent constituer une violation grave, intolérable et répétés des droits fondamentaux de la personne humaine. Ces reproches doivent être conformes aux dispositions internationales qui traitent du génocide, des crimes contre l'humanité et conduire à l'insécurité totale dans le pays concerné ou à la famine pour l'ensemble de la population.

Troisièmement, la communauté internationale ne doit imposer l'ingérence qu'en dernier ressort après avoir tenté par tous les moyens d'obtenir une solution pacifique à la situation, c'est-à-dire après avoir connu l'échec de toutes les possibilités de négociation pour mettre fin à la crise. Ce n'est donc qu'en dernier recours que l'autorité internationale fait prévaloir le droit des individus à vivre

---

[31] J. Joblin, « A propos du droit d'ingérence humanitaire », in Observatore Romano, 5, 2 février 1993, p. 6.

dans la sécurité et dans la dignité sur celui des Etats qui ne peuvent en principe faire l'objet d'aucune ingérence dans leurs affaires intérieures. Un Etat ne peut pour cela pas en décider tout seul. Un contrôle international doit être exercé pour vérifier le bien-fondé des motifs avancés. Cette intervention ne doit pas entraîner des conséquences pires que les maux dont elle était sensée remédier.

C'est à cause de l'une ou l'autre raison que les Etats occidentaux ne sont pas intervenus contre les violations des droits de l'homme en Union Soviétiques. Car une guerre avec cette superpuissance aurait pu provoquer un conflit plus désastreux pour l'ensemble de l'humanité.

Un contrôle international permanent doit être exercé durant l'intervention humanitaire et l'on veillera à ce qu'elle prenne une dimension internationale. Il faut dire à ce niveau que la communauté internationale n'en est encore qu'à ses balbutiements puisqu'elle s'en remet au contrôle des Etats les plus puissants. Dans la critique qu'il fait sur le fonctionnement des Nations Unies, le professeur Corten déplore à juste titre le fait que la constitution du Comité d'état-major responsable de la direction stratégique de toutes les forces armées mises à la disposition du Conseil de sécurité n'a jamais été mise en place. Son absence est suppléée par des mécanismes informels relevant de la volonté des grands Etats de garder le contrôle de leurs moyens militaires.

C'est au cours des années 1950, lors de l'intervention en Corée qu'on a constitué les forces des Nations Unies. Désignées sous le nom de casques bleus, elles sont composées au cas par cas des soldats des Etats placés juridiquement sous l'autorité de l'Organisation des Nations Unies. Le fait que ces soldats proviennent des contingents nationaux montre à quel point les forces armées onusiennes dépendent de la bonne volonté des Etats membres. Cette dépendance a des conséquences parfois désastreuses comme le retrait des casques bleus belges du Rwanda en plein génocide en 1994. L'autre dérive, souligne le professeur Corten, tient au fait que le Conseil de sécurité des Nations Unies délègue l'exercice des compétences militaires à des armées nationales (en Irak, en Bosnie-Herzégovine, en Somalie, au Rwanda, en Haïti, en Albanie, en Côte d'Ivoire et Lybie) le cas échéant à des organisations régionales comme l'OTAN ou l'Union africaine. Dans la mesure où le Conseil de sécurité n'est pas apte à contrôler les opérations, l'action de l'armée onusienne n'est en fait collective ou universelle que dans les textes[32].

3.3. Les obligations des parties en conflit ou des autorités des lieux de détresse

Le système des Nations Unies impose des obligations aux belligérants ou aux autorités des lieux de détresse en ce qui concerne l'action humanitaire. Quand les autorités des lieux de détresse ne sont plus en mesure de subvenir elles-mêmes aux besoins essentiels des populations qui se trouvent sur les territoires qu'elles contrôlent, elles ont le devoir d'accepter l'offre des organisations humanitaires impartiales. Dans la résolution 752 portant sur la Bosnie-Herzégovine, le Conseil de sécurité des Nations Unies a convié les parties en conflit ainsi que les territoires

---

[32] O. Corten, « La sécurité collective, un rêve contrarié », in *Le Monde diplomatique*, septembre 2005, n° 2005, n° 618, p. 17.

environnants à créer les conditions favorables à l'acheminement effectif et prompt de l'aide humanitaire. La résolution 770 relative aux mêmes pays a exigé que le libre accès aux camps, aux prisons et aux centres de détention soit accordé au Comité International de la Croix-Rouge et que tous les détenus bénéficient d'un traitement humain.

Ainsi, les parties en conflit ou les autorités des lieux de détresse ne doivent pas constituer un obstacle à l'ingérence humanitaire. Elles sont donc tenues de respecter le personnel et les biens humanitaires[33].

Les principes de l'ingérence humanitaire étant établis, il nous reste à savoir si cette pratique peut s'énoncer comme un droit spécifique.

4. Difficulté d'énoncer comme droit l'ingérence humanitaire

L'intérêt que l'opinion commune accorde au respect et à la protection des droits humains est indéniable. Cet intérêt tend même à placer les droits humains au-dessus sinon au même niveau que le principe de souveraineté des Etats. Cette nouvelle perception des droits humains a été rendue possible par de multiples changements intervenus au cours des deux derniers siècles. Elle traduit la remarquable évolution des mentalités et des idées sur les questions sociales, politiques et éthiques dans un environnement lui-même en pleines mutations.

---

[33] H. Grotius, *Le droit de la guerre et de la paix*, PUF, Paris, 1999, p. 763-767.

En effet, le nouvel humanisme qui est un trait caractéristique de la société moderne a placé l'individu au centre de la préoccupation sociale et politique. Ce nouvel humanisme s'est davantage répandu grâce à l'action conjuguée des organisations non gouvernementales, des médias et d'une société civile de plus en plus sensible aux questions de droits de l'homme et prompte à demander des comptes aux gouvernants. Ce nouvel humanisme fait du monde, un « village planétaire » plus qu'un conglomérat d'Etats en raison justement de la place spéciale qu'il accorde à l'homme et à ses droits à l'échelle mondiale. La théorie juste de la mondialisation trouve ici tout son sens et sa nécessité profonde.

Dotées des fonds propres et des moyens diversifiés de pression sur les gouvernements, les organisations non gouvernementales influencent très largement la politique internationale. Elles forcent à réinterpréter dans la perspective fondamentalement humaniste le droit international. C'est ainsi qu'elles ont fait admettre que la défense des droits de l'homme ne relève pas exclusivement de la politique interne des Etats. L'universalité de ces droits élève le traitement de cette question au niveau international. Ainsi, le mariage entre le respect des droits humains et le principe de souveraineté des Etats semble caractériser la nouvelle conception de la légitimité des Etats et des pouvoirs qui l'incarnent. Tout se passe comme si le but final de l'Etat et par conséquent de toutes institutions est de contribuer à un plus grand sens d'humanité entendu comme un désir de placer au-dessus de toutes les valeurs, la personne humaine et la dignité de l'individu.

Cette nouvelle approche du droit international a fait lever un débat qui oppose les humanitaires aux juristes d'une part et les dirigeants des Etats en développement en particuliers et ceux des grandes puissances d'autre part.

Pour les humanitaires, une collectivité humaine se détermine par sa manière d'exercer ses libertés et ses droits fondamentaux. C'est en effet la mise en équilibre des libertés et des droits des personnes dans un territoire donné qui légitime et donne sens à son organisation sociale. N'est-ce pas vrai qu'historiquement, un groupe social se forme par la volonté de ses membres de faire corps sur fond d'un idéal collectivement projeté ? Ainsi, entre le fait juridique et le fait historique, il n'y a véritablement pas rupture puisque les deux faits ne se conçoivent pas l'un sans l'autre.

Pour les juristes et surtout les constitutionnalistes, définir une communauté humaine à partir des seuls droits humains c'est lui soustraire une part de sa réalité profonde. En effet, une communauté naît et s'accroît sur un territoire donné. Elle tire de son rapport à ce lieu ses aspirations profondes. Elle se constitue là en tant que peuple particulier ayant une histoire propre et partageant avec le reste de la communauté humaine le devenir historique. La préservation de ses droits en tant que peuple constitue un *substratum* commun qu'elle partage avec le reste des peuples. Il n'y a pas de ce point de vue de transition entre le fait d'être d'une communauté – sa manière authentique d'exercer ses droits et libertés – et sa nature propre en tant que sujet de droit. La souveraineté se comprend alors doublement comme la liberté reconnue à tout Etat d'exercer ses libertés et ses droits dans les limites de ses frontières et l'obligation que celui-ci se donne à respecter ce qui le fait considérer comme un sujet de droit dans ses relations avec les autres Etats. Il y a donc deux relations à considérer. La première concerne les Etats entre eux, la seconde concerne les membres des Etats respectifs entre eux. Un Etat se trouve de ce point de vue en porte-à-faux quand il réclame le respect de sa souveraineté au plan international alors qu'au niveau national, les propriétés de ce qui le fait reconnaître comme une souveraineté ne sont pas respectées. Il est bien clair que ce second aspect de la définition de la souveraineté fait éclater la conception westphalienne du principe de souveraineté. Partant, l'architecture juridique internationale appelle à une révision radicale pour s'accommoder à cette nouvelle approche du droit international.

Les défendeurs du principe de souveraineté des Etats voient dans la reconnaissance du droit d'ingérence une contradiction interne au cœur même du droit international public. Concevoir en effet un droit dit d'ingérence en face du droit des peuples de disposer d'eux-mêmes a pour effet irritant de faire coexister deux principes juridiques fondamentalement opposés[34]. De fait, quelles que soient les justifications que l'on pourrait donner, l'idée d'une ingérence élevée au rang de droit est du point de vue logique une contradiction et constitue du point de vue pratique l'effondrement du sens même de la souveraineté. Et ce, pour la simple raison que la législation qui fonde en droit la souveraineté des Etats exclue expressément l'ingérence comme procédé légal

---

[34] On lira utilement à ce propos M. Bettati, *Le droit d'ingérence. Mutation de l'ordre international*, Paris, O. Jacob. 1996.

dans les relations interétatiques. On ne peut l'affirmer qu'à la seule condition de reconsidérer les principes qui fondent cette législation de manière générale.

En vérité, la démarche qui consiste à faire arrimer souveraineté et respect des droits de l'homme est assez forcée. On ne peut faire du respect des droits humains, le gage de souveraineté d'un pays. Toutes formes de violations de droits humains ne sont, dans le fond, qu'un accident dans la nature d'être d'une communauté humaine. Elles n'en constituent qu'un moment terni, la face sombre de sa réalité authentique.

Du reste, l'expression « droit d'ingérence humanitaire » draine elle-même un flou épais. Le droit d'ingérence humanitaire est-il un droit en faveur des victimes ou des intervenants ? Car il ne manque pas de réglementation qui statue sur les deux cas de figure. Les textes du droit international sont très clairs à propos de la sauvegarde de l'intégrité des Etats. L'Assemblée générale des Nations Unies a affirmé par exemple en 1981 que le principe de non-intervention comprend « le devoir d'un Etat de s'abstenir d'exploiter ou de déformer les questions relatives aux droits de l'homme dans le but de s'ingérer dans les affaires intérieures des Etats[35] ». Traitant de la protection des droits des victimes, cette même assemblée a réaffirmé le respect de la souveraineté des Etats. Aussi, les résolutions des Nations Unies entre 1988 et 1990 sur le libre accès aux victimes et sur la création de corridors humanitaires n'ont fait mieux que renforcer le principe de souveraineté des Etats.

[35] Résolution 36/103 de 1981.

La plateforme de la législation internationale ne laisse guère envisager un droit d'ingérence (même humanitaire) en dehors des dispositions du chapitre VII de la Charte des Nations Unies. De nombreuses interventions engagées dans le cadre dit humanitaires n'ont guère reçu la caution des Nations Unies. Dans tous les cas, elles ont pour la plupart de cas été entreprises par les organisations non gouvernementales. Et l'on sait que le principe de non-intervention dans les affaires n'est pas opposable à ces organisations.

Les hésitations perceptibles du Conseil de sécurité sur cette question rendent en définitive compte du vide juridique qui existe. Pourtant, les violations contre les droits humains ne peuvent plus laisser indifférents. Les cas de détresse obligent à prendre des résolutions et à engager des actions concrètes. Car ce que les hommes ont en commun en général est plus essentiel et mérite d'être préservé au plus haut point que les intérêts particuliers. On se trouve ainsi devant une alternative. Il faut soit redéfinir le principe de souveraineté en prenant en compte la nouvelle place qu'on accorde aux droits humains, soit désigner par un autre terme la réalité dont le concept de « droit d'ingérence humanitaire » rend compte. On ne peut aujourd'hui nier la nécessité d'apporter de l'aide à une partie de l'humanité souffrante. On sait aussi par ailleurs que la redéfinition du principe de souveraineté conduit à la redéfinition quasi-générale de tout le droit international. Or, c'est sur fond de la compréhension westphalienne de la souveraineté de l'Etat que s'est élaboré le droit international. Attendu que c'est le concept « droit d'ingérence humanitaire » qui pose le plus problème que la réalité qu'il rend compte, il nous semble convenable de le substituer ce par un autre terme plus expressif et moins polémique.

5. A la recherche d'un consensus : la « responsabilité de protéger[36] »

Le droit d'ingérence humanitaire, tel qu'il est aujourd'hui présenté, se comprend comme une éthique de détresse, une obligation de protéger les personnes en danger de mort. Cette obligation peut s'énoncer aussi comme une responsabilité, celle de protéger. Le terme « responsabilité » revêt ici un sens bien particulier. D'ordinaire, on est responsable de ce qu'on fait, de ce qu'on pose comme acte. La notion de responsabilité s'applique alors aux actes posés par un sujet conscient dans un contexte bien déterminé. Lévinas nous donne une autre acception de la responsabilité[37]. De son point de vue, on est responsable de l'autre sans avoir à prendre de responsabilité à son égard. En effet, le visage d'autrui ne se réduit pas en une simple perception. Il me convoque et me fait sortir de moi pour prendre soin de lui. Le fait pour moi d'être responsable fait que « je supporte tout [...]. Non pas à cause de telle ou telle culpabilité effectivement mienne, à cause de fautes que j'aurais commises ; mais parce que je suis responsable d'une responsabilité totale, qui répond de tous les autres et de tout chez les autres, même de leur responsabilité ». Etre responsable est donc

---

[36] Nous devons cette formulation au remarquable travail d'élucidation de la Commission internationale de l'intervention et de la souveraineté des Etats.

[37] Cf. G. Gandou D'Isseret, *Sur les pas des Philosophes. Le défi de penser*, Paris, L'Harmattan, 2009, pp. 165-166.

un devoir qui nous incombe chaque fois que nous entrons en contact avec autrui. On est responsable sur fond d'une loi intérieure qui nous pousse de manière irrésistible à prendre soin de l'autre, à plus forte raison quand il est en situation de détresse. Tout règlement, convention et disposition doit s'accorder avec cette loi intérieure en tant qu'elle traduit la nature profonde des relations humaines. Passent alors dans l'ordre de l'exception, les dispositions qui ne se conforment pas à cette loi. Les relations interhumaines sont donc foncièrement déterminées par la loi de la responsabilité. C'est elle qui fait obligation aux gens de vivre ensemble et d'envisager ensemble l'avenir. Elle donne sens à toutes les dispositions sociales qui tendent à favoriser le bien commun. Comprise dans ce sens, la notion de responsabilité donne une compréhension originale des relations interhumaines.

La responsabilité de protéger traduit en acte la nécessité impérative de prendre soin de l'homme ou de la collectivité humaine en générale quand les conditions de leur existence connaissent une détérioration significative ou quand elles sont sur point de le devenir.

On doit à la Commission internationale de l'intervention et de la souveraineté des Etats le mérite d'avoir élucidé ce concept. En l'adoptant, nous voulons cependant enrichir son contenu d'autres aspects essentiels.

Chapitre troisième

LA RESPONSABILITÉ DE PROTÉGER : SENS, LIMITES ET FAILLES À SURMONTER

La responsabilité de protéger est une nouvelle approche du droit internationale. Nous allons présenter dans ce chapitre ses principes, du moins tels qu'ils apparaissent dans le Rapport de la Commission internationale de l'intervention et de la souveraineté des Etats avant de les corriger pour leur donner un contenu plus enrichi.

1. La responsabilité de protéger : Vers une nouvelle approche du droit international

Les nombreuses situations de détresse dans le monde, renforcées par les inégalités de pouvoir et des ressources entre les Etats ont poussé à réfléchir assez profondément sur la question de souveraineté des Etats en rapport avec les interventions d'ordre humanitaire. Les avis sur la question sont très partagés. D'aucuns estiment en effet que le respect du principe de souveraineté des Etats dans un contexte où règne une écrasante inégalité de pouvoir entre les Etats est le seul moyen pour les Etats faibles de se protéger de la domination des Etats forts. Le respect du principe de souveraineté des Etats constitue alors pour de nombreux peuples, la protection de leur identité, de leur liberté nationale et fait reconnaître leur droit de décider par eux-mêmes leur devenir.

Mais face à des violations de plus en plus massives contre les droits des personnes, bien des gens estiment que le droit international doit imposer de limites à la souveraineté des Etats. La souveraineté des Etats ne doit plus être perçue comme le pouvoir illimité des Etats et des autorités politiques de faire ce qu'ils veulent. Bien comprise, la souveraineté implique une double responsabilité. Du point de vue externe, elle signifie l'égal respect des souverainetés entre les Etats ; du point de vue interne, elle suppose le respect des droits fondamentaux des personnes vivant sur le territoire national. Cette nouvelle acception de la souveraineté implique d'une part que les autorités étatiques sont responsables des actes qui concourent à la protection et à la sécurité de la vie des citoyens ; elle implique d'autre part que les autorités politiques nationales doivent répondre de leurs actes à l'égard des citoyens et de la communauté internationale. Cette nouvelle approche de la souveraineté suit ainsi le caractère sans cesse « grandissant des normes internationales relatives aux droits de l'homme, et la prégnance toujours plus grande de la notion de sécurité humaine dans le discours international »[1].

1.1. L'impératif de la sécurité humaine

Dans la Charte de 1945, les Nations Unies se sont engagées à « développer et à encourager le respect des droits de l'homme et les libertés fondamentales pour tous, sans distinction de race, de sexe, de langue ou de religion ». Dans la Déclaration universelle des droits de

[1] Rapport de la Commission, *op. cit.*

l'homme, l'intérêt pour la sécurité humaine est tout autant souligné. Cela a favorisé l'établissement des institutions internationales stables, ayant pour but la protection et la promotion des droits humains. Cet appareillage institutionnel marque la transition d'une culture de l'impunité souveraine à la culture de responsabilité nationale et internationale. C'est dans ce contexte que la notion des droits de l'homme se rapproche à celle de justice universelle, de justice sans frontière.

La communauté internationale retient de plus en plus que la question de souveraineté et de l'intervention n'est plus tellement liée aux prérogatives des Etats mais qu'elle concerne l'ensemble de la communauté humaine. De fait, l'enjeu du débat sur la sécurité se déplace. On passe de la préoccupation pour « la sécurité territoriale et de la sécurité par l'armement à la sécurité par le développement et l'accès à l'alimentation, à l'emploi et à la sécurité écologique[2] ». La sécurité contre les menaces de la vie, de la santé, des moyens de subsistance ainsi que la sureté et la dignité humaine peuvent être mis à mal par les facteurs aussi bien internes qu'externes. Dans ce sens, la perspective pour les Etats de vouloir garantir par tous les moyens la sécurité nationale en y consacrant des ressources immenses ne plus être bien vue quand elle ne prend pas en compte les autres obstacles de développement tels que la maladie, la sécurité sociale et alimentaire. L'approche traditionnelle de la sécurité ne prend souvent pas en considération que les préoccupations de territorialité. Au nom de cette fameuse sécurité, une quantité considérable des ressources est

[2] Rapport de la Commission, *op. cit.* p. 15

gagée, empêchant ainsi de prendre en charge des formes chroniques d'insécurité que sont la maladie, la pénurie de logements adéquats, la criminalité, le chômage, les conflits sociaux et les risques environnementaux. En effet, « lorsque le viol devient une arme de guerre et de nettoyage ethnique, lorsque des milliers de personnes périssent dans les inondations parce que la campagne environnante a été ravagée et lorsque les citoyens sont tués par leurs propres forces de sécurité, on ne peut plus se contenter d'assimiler la sécurité à la seule sécurité nationale et territoriale. La notion de sécurité humaine peut couvrir – et couvre effectivement – tous ces cas de figure[3] ». Certaines politiques gouvernementales peuvent constituer des causes profondes de l'insécurité à l'intérieur des Etats. Il s'agit précisément du mode de répartition des richesses et des avantages à l'intérieur de différentes couches sociales. Aussi longtemps que pourrait durer cette situation, un conflit ouvert ou latent persistera et compromettra les efforts de paix qui pourraient être engagés. Ces conflits *ad intra* peuvent certes être surmontés par des efforts engagés au niveau intérieur. Mais généralement ils appellent des appuis externes. Ils ne traduisent pas moins une crise de gouvernance. Et ils ouvrent naturellement la possibilité d'une ingérence sous forme d'aides, d'échanges d'expérience et de coopération.

Depuis quelques années, le Conseil de sécurité trouve tout à fait fondée l'intervention (même militaire si les circonstances sont graves) qui vise à protéger les populations en danger ou qui risquent de l'être dans les

[3] Rapport de la Commission, *op. cit.* p. 16.

conditions précisément où l'Etat concerné ne s'engage guère à prendre des mesures nécessaires pour éviter la catastrophe. Le Conseil de sécurité considère ces faits comme des menaces de paix et de la sécurité internationale conformément au chapitre VII de la Charte des Nations Unies. Les interventions de la communauté internationale en Somalie, au Libéria et en Sierra Leone et tout récemment en Côte d'Ivoire, au Mali et en Lybie entrent dans cette perspective.

Si le besoin d'intervenir pour sécuriser les populations en danger est souvent réel, la manière cependant d'engager ces interventions n'a pas toujours laissé le temps de juger de leur opportunité et donc de les apprécier à leur juste valeur. Tenant compte des seuls enjeux d'interventions, on a souvent fait prévaloir l'urgence d'intervenir sur le temps d'appréciation réelle de son opportunité. Et c'est souvent au nom de cette urgence que l'on décide de l'intervention. Le devoir d'intervenir n'efface en rien le respect du principe de souveraineté. C'est au nom même de ce principe que l'intervention trouve tout son fondement. Il le valide, l'autorise dans le sens où le principe de souveraineté se comprend comme la responsabilité de protéger. Le renversement de perspective à opérer à ce niveau est donc de comprendre l'enjeu de l'intervention humanitaire comme un acte de responsabilité : la responsabilité de protéger. Cette dernière implique une évaluation objective de la situation et des besoins réels qui imposent l'intervention. Il s'agit là d'un facteur important en tant qu'il peut faire saper à la racine, les motivations de l'intervention.

Dans les cas où les populations en détresse manquent de moyens efficaces pour faire connaître leur situation de crise, les courroies de transmission peuvent s'interposer entre elles et la communauté internationale. Car les raisons d'une intervention dite humanitaire peuvent ainsi être montées de toutes pièces alors que les intérêts profonds sont ailleurs. Après des dégâts matériels incalculables et des pertes humaines immenses, les Etats-Unis ont réalisé au contact avec la réalité qu'ils ne disposaient pas d'éléments assez probants pour engager la fameuse guerre d'Irak de Saddam Hussein. Rien ne nous empêche aussi de penser qu'il n'avait jamais existé de preuves de l'implication de l'Irak dans la déstabilisation de la sous-région comme on le pensait. Ce qui est pour le moins vrai, c'est que les Américains et les pays embarqués dans cette conquête ont largement participé au contrôle des ressources de ce pays géostratégique autant qu'ils ont profité des attributions des marchés dans la reconstruction du pays.

Ainsi, la responsabilité de protéger doit incomber en tout premier chef à l'Etat en situation. La communauté internationale n'assume cette responsabilité que dans la mesure où ledit Etat n'est plus en mesure de le faire. Cette responsabilité implique aussi la responsabilité de prévenir et celle de reconstruire.

La responsabilité de protéger de l'Etat s'inscrit donc dans une nouvelle approche du droit international et dans l'acception nouvelle du caractère étatique moderne. Il n'en demeure pas une responsabilité incombant à la communauté internationale pour suppléer aux manquements éventuels des Etats d'assumer pleinement leurs responsabilités.

1.2. La responsabilité de prévenir

La responsabilité de protéger met en exergue la responsabilité de prévenir[4]. C'est un devoir pour tout Etat de prendre sérieusement en compte la prévention des conflits qui peuvent dégénérer en catastrophes humanitaires. Ce devoir incombe tout à la fois aux collectivités locales et aux institutions internationales de manière générale. La prévention peut consister pour les Etats à assurer une bonne répartition des richesses et des avantages entre les populations[5]. Il s'agit d'assurer une bonne gouvernance, de veiller au respect des droits des personne et d'œuvrer pour le développement social et économique. Une prévention efficace des conflits s'inscrit toujours dans une politique globale. Elle peut consister en une aide au développement, à l'assistance technique, à l'encadrement ou au soutien des initiatives prives locales en vue d'assurer une bonne gouvernance ou le respect des droits humains.

Il importe de souligner que la Banque mondiale et le Fond monétaire international ont conseillé jusqu'à un certain temps les réajustements structurels comme procédures nécessaires pour parvenir à la bonne gouvernance. On connaît aujourd'hui les conséquences de cette politique dans les pays en développement. Bien de pays ne sont plus aujourd'hui prêts à adopter ces mesures tant elles ont plus aggravé leurs problèmes.

L'aide de la communauté internationale dans la prévention des conflits peut se présenter sous la forme de

---

[4] Rapport de la commission, *op. cit.* p. 21.

[5] Saint Jean Paul II, *Exhortation apostolique post-synodale. Ecclesia in Africa,* op. cit. n° 113.

médiation en vue de réconcilier les parties en conflit. Des mesures de coercition et même punitives peuvent aussi contribuer à la prévention des conflits. Tous les moyens doivent être explorés pour empêcher un tant soit peu l'éclatement d'un conflit qui obligerait alors une intervention armée.

L'exigence de prévenir les conflits se signale dans les nombreux documents des Nations Unies. Elle se comprend comme un des procédés de maintien de la paix dans le monde. Pour répondre à cette exigence, au niveau africain, l'Union Africaine a mis en place un mécanisme de prévention, de gestion et de règlement des conflits[6]. En Europe, l'Organisation pour la sécurité et la coopération en Europe a mis en place plusieurs moyens de prévention des conflits.

Il faut toutefois signaler que les moyens mis en place dans la prévention des conflits restent de manière générale relativement inférieurs à ceux que les Etats et les institutions internationales mobilisent pour les interventions, la guerre et l'assistance des victimes des conflits. D'après la Commission Carnegie pour la prévention des conflits meurtrière, la Communauté internationale a consacré un peu plus de 200 milliard de dollars dans les années 90 dans la gestion d'environ sept conflits (Bosnie-Herzégovine, Somalie, Rwanda, Haïti, Golfe persique, Cambodge et El Salvador) alors qu'elle aurait pu économiser jusqu'à 130 milliards de dollars si elle avait opté pour une approche préventive[7]. Il ressort aussi de l'analyse du Rapport de la commission

---

[6] Ce mécanisme existe depuis 1993.

[7] Cf. Rapport de la Commission, *op. cit.* p. 23.

internationale de l'intervention et de la souveraineté des Etats que l'aide au développement a relativement diminué au cours de ces dernières années. Or le cumul des dettes concédées pendant la guerre froide pèse tellement sur les pays en voie de développement qu'il leur est difficile de disposer des ressources suffisantes pour prévenir les conflits sociaux qui éclatent malheureusement assez régulièrement[8].

Les barrières fiscales imposées par les pays riches constituent autant de freins qui empêchent les pays moins développés d'accéder aux marchés internationaux. Avec l'affaiblissement surtout des termes d'échanges, les pays en développement ont du mal à garantir la sécurité de leurs populations sur le plan social et économique.

La prévention efficace doit prendre en considération au moins trois facteurs. Il faut en tout premier lieu prendre en considération la fragilité de la situation sociale, économique et politique et les risques connexes. Le niveau de pauvreté dans certains pays est tel que les soulèvements sociaux apparaissent comme des réponses normales à ces conjonctures. La lutte contre la pauvreté et les incitations aux initiatives privées deviennent alors des moyens efficaces pour prévenir les conflits. Il faut ensuite mettre au point des politiques de développement, d'assistance technique avec une mise à disposition des fonds de soutien dans le cadre de la coopération bilatérale et multilatérale pour contribuer ainsi au maintien d'un climat de paix et à la bonne marche du secteur productif.

---

[8] Saint Jean Paul II rappelait bien dans *Ecclesia in Africa,* le devoir des pays riches de soutenir les pays désavantagés.

Le tout devrait être soutenu par une bonne volonté politique de la part des décideurs.

Somme toute, les pays ou les groupements régionaux doivent avoir des mécanismes efficaces de contrôle, d'analyse et d'alerte des situations de crises. La plupart des conflits meurtriers survenus dans le monde au cours de ces dernières années auraient pu être évités si les signaux d'alerte avaient été pris au sérieux. L'optimisme quant au dénuement favorable des conflits naissants a trop souvent prévalu sur la mise au point des mesures efficaces de prévention. Généralement le problème n'est vraiment pris aux sérieux quand il devient grave. Les bornes de prévention du conflit étant dépassées, il faut trouver d'autres moyens pour arrêter le conflit. Ainsi, ce n'est pas tant le manque d'alertes qui fait défaut mais le traitement rapide de ces signaux. Les pays et les ensembles régionaux devront donc mobiliser assez de ressources dans le traitement rapide des alertes aux conflits. Cet impératif constitue un pas important dans la prévention et la résorption des conflits.

De nos jours, ce sont des les organisations non gouvernementales qui tirent les sonnettes d'alarme pour ce qui est de la prévention des conflits grâce à leur réseau d'informations. Les Etats manquent de politique efficaces dans ce sens. Devant ce vide que laissent les Etats et surtout les Nations Unies en tant que première instance internationale qui veille sur la question, un nouveau type d'organisations non gouvernementale sont nées et se donnent pou mission principale, l'alerte rapide des situations de conflit de par le monde.

Il y a donc une faiblesse de la part des Nations Unies de disposer des moyens nécessaires de contrôle et d'analyse des situations de conflit dans le monde. Disposer d'un personnel chargé de suivre de près l'évolution des problèmes sensibles dans les différentes agences des Nations Unies se trouvant dans chaque pays ou un groupe de pays de pays devrait certainement aider, de l'avis de la Commission internationale de l'intervention et de la souveraineté des Etats à une bonne circulation de l'information entre le Secrétariat général et les zones de tension. Il s'agit de mettre en relation les différents centres d'observation et d'évaluation des risques des conflits à travers le monde avec les instances de décision des Nations Unies.

La prévention des conflits consiste aussi à prendre au sérieux la résolution des causes profondes des conflits. Le risque est toujours grand de s'en prendre aux signes externes des conflits et de négliger les causes « sous-jacentes ». Ces causes profondes peuvent être justement l'inégal accès aux ressources nationales, l'inadéquation des politiques sociales et économiques avec la réalité sociale. Une prévention efficace des conflits doit donc viser la création d'institutions plus démocratiques, la formation d'une société civile dynamique, la promotion de la liberté de presse et d'expression, le renforcement de l'autonomie du pouvoir judiciaire, la promotion d'une éthique de responsabilité ainsi que l'instauration des mécanismes d'alternance politique et de redistribution adaptée des pouvoirs entre les différentes couches sociales. Tant que ces différents facteurs ne seront pas pris en compte, la paix sera superficielle.

1.3. La responsabilité de réagir

La responsabilité de réagir constitue le second moment de la responsabilité de protéger. Il s'agit de réagir par des moyens adaptés à des situations où les vies humaines sont gravement menacées. Ce second moment intervient lorsque les efforts de prévention n'ont pas pu porter de solutions escomptées et que le conflit a dégénéré en catastrophe humanitaire. L'intervention de la communauté internationale dans ce cas de menace de paix et d'insécurité internationale est ordinairement d'ordre politique, économique ou judiciaire. Elle ne sera militaire que dans les cas les plus extrêmes. Suivant les cas, l'intervention peut consister en une imposition de l'embargo sur les armes pour empêcher l'extension du conflit. Il peut aussi s'agir de l'interruption de la coopération militaire avec les autres pays et des programmes d'entraînement. Cet isolement stratégique a pour but de restreindre les moyens d'action des parties en conflit, empêchant par le fait même un déferlement de violence qui menacerait gravement la sécurité des populations. Dans le domaine économique, la communauté internationale réagit sous forme de sanctions financières et le gel des avoirs étrangers des autorités politiques ou des leaders des fractions en conflit. Ces restrictions peuvent aussi toucher les ressources qui alimentent le conflit. Elles concernent également l'accès aux produits de première nécessité tels que le gaz et le pétrole dans le but de limiter davantage les opérations militaires. L'interruption du trac aérien vers les zones de conflit de peut aussi constituer un moyen de contrainte efficace en faveur de l'arrêt des hostilités.

Au niveau politique et diplomatique, les restrictions peuvent être observées en ce qui concerne les représentations diplomatiques et l'isolement des auteurs du conflit.

Quand toutes ces procédures n'ont pas produit d'effets escomptés, une intervention militaire pourrait être envisagée. Elle est une procédure d'exception dans la mesure où la règle opérationnelle reste le principe de non-intervention dans les affaires intérieures des Etats. Pour éviter cependant que l'intervention militaire cause plus de dégâts que la situation qu'elle entendait résoudre, un seuil critique d'abus, de violence et de dégâts doit être observé avant le déclenchement d'une action militaire. La Commission internationale de l'intervention et de la souveraineté des Etats retient six critères essentiels pour déclencher une internationale militaire à savoir : l'autorité appropriée, la juste cause, la bonne intention, le dernier recours, la proportionnalité des moyens et les perspectives raisonnables[9].

La présence de l'autorité compétente qui valide, légitime et autorise l'intervention militaire est nécessaire. Il s'agit pour cela de s'assurer qu'il existe une cause juste qui fait déclencher cette action. Dans l'établissement de la légitimité de l'intervention, relève le Rapport de la commission internationale de l'intervention et de la souveraineté des Etats, il faut rechercher la cause juste qui rend nécessaire l'intervention. Cette cause se comprend comme une volonté d'arrêter « des pertes considérables en vies humaines effectives ou appréhendées, qu'il y ait ou non intention génocidaire, qui résultent soit de l'action délibérée de l'Etat, soit de sa négligence ou de son

[9] Rapport de la commission, *op. cit.* p. 36.

incapacité à agir, soit encore d'une défaillance dont il est responsable ; ou un « nettoyage ethnique » à grande échelle, effectif ou appréhendé, qu'il soit perpétré par les tueries, l'expulsion forcée, la terreur ou par le viol[10] ».

L'intervention militaire doit toujours être regardée comme une action exceptionnelle. Pour cela, le préjudice qui le fait déclencher doit être suffisamment grave.

Toutefois, pour qu'une intervention soit légitime, il faut encore qu'elle soit motivée par la bonne intention. En effet, le but ultime de l'intervention est de faire cesser ou d'éviter des souffrances humaines. De fait, les moyens mis en jeu doivent être relativement proportionnels aux dégâts constatés sur le terrain.

Toutes choses restant égales par ailleurs, les chances raisonnables de réussir doivent être attestées avant le lancement de toute intervention. Ces exigences s'inscrivent dans le principe de précaution ou de prudence qui doit couvrir toutes les actions.

1.4. La responsabilité de construire

La responsabilité de reconstruire en tant que la conséquence logique dans le processus de rétablissement des institutions, des pouvoirs et de normalisation des rapports et de restauration de l'état de droit s'inscrit aussi dans la responsabilité de protéger. Puisque les conditions qui ont amené la communauté internationale à engager sa responsabilité de protéger ont été entre autre l'effondrement des capacités de l'Etat ou une partie de ses composants à assumer sa propre responsabilité de

[10] Rapport de la commission, *op. cit.* p. 36.

protéger, il faut donc un engagement de la communauté internationale pour ramener une paix durable et créer les conditions nécessaires pour garantir une bonne gouvernance et un développement durable. Cette étape de l'intervention internationale est délicate. Elle nécessite non seulement la mobilisation des fonds nécessaires à la reconstruction mais surtout une plus étroite coopération des populations locales et des organismes internationaux afin de déterminer les priorités et les charges à prendre en compte. Si cette coopération vient à manquer, il y a des risques que les populations revivent les mêmes causes qui ont déclenché la crise.

Le rétablissement de la paix et de la sécurité passe par le rétablissement du système judiciaire et la réconciliation des parties en conflit. La communauté internationale doit veiller à ce que tout ce processus se déroule dans les bonnes conditions. Elle s'implique considérablement mais non sans faire participer la population locale. Doit être résolue aussi la question du retour des exilés et des réfugiés ainsi que la rétrocession des droits légaux aux autorités locales.

2. Quelques failles à surmonter

En présentant ainsi les choses, la Commission internationale de l'intervention et de la souveraineté des Etats fait éclipser la traditionnelle distinction entre les acteurs privés et les Etats dans la perspective de l'intervention humanitaire. Jusqu'il y a peu, l'ingérence humanitaire était pour le moins compréhensive quand elle émanait d'une initiative privée. L'intervention proprement militaire relevait des Etats. Ce n'est pas tant à cette forme d'intervention que les promoteurs du droit d'ingérence humanitaire demandent un cadre juridique. L'intervention humanitaire n'a de sens que pour autant qu'elle est entreprise par les organisations non gouvernementales. On remarque ainsi dans la démarche de la Commission internationale de l'intervention et de la souveraineté des Etats un véritable changement de perspective. La place de choix réservée jusqu'ici aux organisations humanitaires passe du côté des Etats même si formellement les interventions surtout militaires, sont toujours placées sous l'égide des Nations Unies. On sait en effet que dans la procédure actuelle des interventions militaires, les Nations Unies font recours aux forces militaires des Etats membres. La difficulté pour les Nations Unies de disposer d'une force militaire véritablement autonome et capable de réagir en temps réel laisse un vide que les Etats membres contrôlent de manière stratégique. Ce handicap découle naturellement de la structure organique de l'institution et du manque d'une politique innovante en cette matière.

L'analyse soutenue des faits laisse voir que la plupart des conflits qui éclatent dans le monde et qui appellent à des interventions urgentes sont d'une ampleur telle qu'ils exigent une forte mobilisation des ressources tant humaines que matérielles puisque les moyens de pression et de contraintes ainsi que les techniques d'armement mis en jeu sont d'une importance tellement grande que les dégâts prévisibles ou réels en vies humaines sont tout simplement vertigineux. En effet, le spectre de violence n'est jamais moindre.

Les conflits embrasent les régions et les sous-régions environnantes, bouleversent et fragilisent dans un mouvement systémique les équilibres économiques, politiques et géostratégiques existants. L'ampleur des dégâts est telle que les organisations humanitaires se trouvent souvent en difficulté d'agir sur tous les fronts, avec tout le poids économique et logistique que cela demande. Comme les organismes humanitaires ne disposent pas des fonds propres pour faire face à tous les besoins générés par la crise, ils sollicitent tout naturellement le soutien des pays riches. Cette dépendance économique n'est pas moins un poids réel dans leur mécanisme de fonctionnement.

Le fait surtout que la plupart des conflits qui dégénèrent en catastrophes humanitaires bouleversent en même temps les équilibres géostratégiques [11], ils ne laissent pas indifférents les pays plus ou moins proches, en raison des impacts directs ou indirects. Par ailleurs, les pays riches qui allouent souvent les fonds aux organismes humanitaires exercent sur elles de grandes influences, pilotent au travers eux, les politiques de redistribution des biens et des vivres, les modalités de rétablissement des infrastructures et la redéfinition du jeu politique et les stratégies de relance économique. On retrouve aussi cette main noire des Etats forts dans la résolution des catastrophes naturelles. Même à ce niveau, les intérêts sont toujours en jeu.

Les intérêts économiques, politiques et géostratégiques ont signé l'entrée en scène des Etats dans les formes

[11] Les conclusions de la Mission de paix des premières dames d'Afrique sont claires à ce propos. Cf. *La diplomatie civile et humanitaire. La dynamique genre et la paix en Afrique*. Actes du colloque des experts à la VIe Conférence de la Mission de paix des Premières Dames d'Afrique. Brazzaville, février 2008, Géo-Ecostrapol, L'Harmattan.

d'ingérence qui intéressaient, au premier chef et par tradition, les organisations humanitaires. Nous ne semblons plus être dans le temps où les crises appelaient à une ingérence classique, en tant qu'elles étaient menées strictement par les organisations humanitaires. Celles-ci vaquaient à leur devoir suivant les moyens qu'elles disposaient. A l'exigence de disposer des moyens toujours plus importants s'ajoutent des intérêts géoéconomiques, politiques et stratégiques qui contraignent fortement l'action humanitaire. Il n'y a qu'à considérer les sérieuses difficultés que rencontrent les organismes humanitaires dans le Darfour du fait des intérêts contradictoires des puissances impliquées dans ce conflit. L'état quasi-permanent du conflit dans cette partie de l'Afrique n'est donc pas un fait neutre. La nette amélioration des rapports entre Israël et la Palestine tient aussi à l'inflexion de la politique américaine par rapport à Israël.

On remarque ainsi au final que les organisations humanitaires ne peuvent plus à elles seules revendiquer le droit d'intervention. Le sceau de neutralité qu'on leur reconnaissait s'accommode aujourd'hui avec les intérêts géostratégiques des Etats. Ces nouveaux enjeux de l'ingérence sonnent le glas au rêve cher de nombre d'humanitaires qui entendaient réserver le monopole de l'action humanitaire aux seules organisations privées.

Il se dégage aussi du Rapport de la Commission internationale de l'intervention et de la souveraineté des Etats une réelle volonté de faire coexister la possibilité de l'ingérence avec le respect du principe de souveraineté des Etats. Le Rapport souligne l'importance du respect du principe de souveraineté tout en relevant les circonstances et les conditions dans lesquelles cette obligation de principe peut être infléchie. Il mentionne quatre principales conditions : les violations graves des droits humains, le risque ou l'existence d'un génocide en cours, l'épuration ethnique, les conflits armés qui mettent en péril la vie des populations. Il précise aussi les différentes procédures qui doivent être observées pour que cette ingérence soit efficace et qu'elle rétablisse justement le principe de souveraineté.

Soulignons que certaines requêtes que la Commission internationale de l'intervention et de la souveraineté des Etats propose sont déjà en application depuis un certain temps. Elles forment des dispositions maintenant classiques et constituent la politique constante des institutions des Nations Unies. Dans l'ensemble, ces dispositions doivent encore s'accommoder avec la législation internationale, plus précisément avec la Charte des Nations Unies dans la mesure elle n'en fait pas expressément mention.

En fait, le silence de ce texte ou disons mieux sa limite tient au climat de relations entre les Etats et aux conditions historiques qui avaient présidées sa promulgation. Au sortir d'une épouvantable guerre qui avait embrasé le monde, les pays en sortirent très affaiblis. Et les changements profonds qu'elle avait provoqués, poussèrent les concepteurs du texte à régir l'ordre international en privilégiant la paix dans les rapports des Etats entre eux et à écarter la guerre comme moyen de résolution des conflits. La Déclaration des droits de l'homme constituera un autre bouclier contre le déferlement de violence sur la personne humaine. Les autres défis de l'histoire se posant en terme de génocide, d'épuration ethnique, d'attentats terroristes, de dictatures sauvages et des conflits entre les fractions armées doivent aussi faire l'objet d'une soigneuse réflexion pour parfaire la législation internationale car toutes ces questions ne laissent plus indifférent. Il importe donc de constater le vide juridique sur ce point dans les textes qui régissent l'ordre international et de proposer des solutions adéquates. L'effort de la Commission internationale de l'intervention et de la souveraineté des Etats est de faire légitimer le recours à l'ingérence dans la pratique internationale comme un moyen de résolution des certaines crises. Elle ne s'évertue cependant qu'à relever le bien-fondé de l'ingérence sans prospecter d'autres pistes de solutions.

La perspective hautement opérationnelle de la solution de la Commission tend à réduire l'ingérence à un ensemble de procédures qu'on exécute de manière graduelle et qui se couronnent dans le pire des cas dans une destruction puis une reconstruction. Le tout peut être ainsi schématisé : quand un contexte social ne rassure plus, il faut imposer la paix au besoin en coupant le nœud (la situation défaillante) pour reconstruire après. Cette dernière option a pour but de contraindre l'agir humain à trouver des solutions médianes qui seraient dicter par le bon sens, le sursaut d'humanité, le consensus ou par la force des choses. On se trouve ainsi comme dans un cercle qui délimite par avance le champ d'action des actes humains.

Le caractère procédural de la solution proposée prive l'agir collectif de la possibilité de viser un horizon significatif. N'est-ce pas en tendant vers un horizon sans cesse réévalué que l'humanité, dans un souci de perfection constant est parvenue à dépasser les obstacles qu'elle a rencontrés en trouvant des solutions toujours nouvelles ? Il ne peut y avoir de vie bonne sans un idéal. L'idéal n'est pas une finalité dans le sens où elle pourrait être atteinte. Il est irréductiblement une tension vers ; il est un horizon. Il est pour tout dire un « possible » projeté dans le temps.

Au lieu donc d'analyser simplement une situation à partir de ses effets, il faut certainement renverser la démarche et chercher à la comprendre à partir de ses causes profondes. La question fondamentale qui mérite d'être posée ici est certainement de savoir pourquoi en effet, l'humanité connaît depuis un certain temps une propension de violence, une violation ponctuée des droits humains, le recours au génocide et à l'épuration ethnique ainsi que le règlement des conflits par la guerre ?

En analysant à fond le problème, on se rend compte que la question de l'ingérence soulève celle de la souveraineté. L'affrontement du devoir d'ingérence avec le principe de souveraineté rend pour notre part compte de nouveaux enjeux dans les rapports entre les Etats.

Nous formulons l'hypothèse que les mutations, les troubles et les crises qui ont cours dans le monde rendent en définitive compte d'une nouvelle dynamique mondiale où s'entrechoquent deux principales logiques à savoir, la conception moniste ou unilatérale de domination et de contrôle de l'espace mondial et la conception *communautarienne* ou multilatéraliste de gestion et d'exercice de la domination. Ces deux logiques expliquent le nouvel enjeu de la géodynamique mondiale.

Chapitre quatrième

LA NOUVELLE DYNAMIQUE MONDIALE

Les crises et les troubles qui marquent le monde depuis un certain temps sont en effet l'expression d'une nouvelle synergie des rapports entre les peuples et les Etats, synergie fondée sur le contrôle des ressources et des moyens de domination.

La question de la crise de la société contemporaine a déjà fait l'objet de sérieuses réflexions. Taylor y voyait par exemple l'expression d'un malaise de la culture moderne[1]. Il en relevait trois principales causes.

La première en est l'individualisme dont la face sombre est le repliement de l'individu sur lui-même. Aplatissant et rétrécissant la vie en appauvrissant le sens, l'individualisme semble empêcher l'individu de prendre soin des autres et de la société. Cette tendance résulte de l'avis de Taylor au fait que l'homme a rompu progressivement avec les hiérarchies traditionnelles et les horizons moraux qui donnaient sens à sa vie et définissaient le cadre de déploiement de ses actions. La conséquence qui en résulte est que l'homme dans la société contemporaine ressent une perte de sens due justement à la disparition des horizons de signification.

La deuxième cause est la primauté de la raison instrumentale. L'importance accordée à la *rationnalité* dans la société contemporaine est telle que la raison est devenue l'étalon qui détermine la valeur de toute chose.

---

[1] C. Taylor, *Le malaise de la modernité*, Paris, Cerf, 2002, même auteur, *Les sources du moi*, Paris, Seuil, 1998.

Ce paradigme de l'instrument exige que les produits soient conçus pour un usage bref. Ce principe menace la permanence des choses. Le malaise qui en découle est l'éclipse des fins, face une raison instrumentale effrénée.

La troisième cause qui est la conséquence des deux premières est la perte de la liberté politique. Les individus se sont tellement individualisés qu'ils sont de plus en plus incapables de mener une action collective efficace. Taylor relève en effet que le vrai nom de la modernité est l'authenticité qui se comprend comme un désir fort pour les populations de rechercher l'originalité ou la sincérité avec soi.

L'authenticité est donc un idéal moral qui régit les conduites des personnes et permet de fait de les comprendre. Elle est une manière d'être, une originalité, l'affirmation de soi et se réfère toujours à un horizon de signification.

Cette idée de l'authenticité fait aussi l'objet d'une excellente analyse de la part de Huntington[2]. Il relève que l'histoire du monde connaît depuis la fin de la guerre froide, une série de péripéties qui bouleversent profondément la politique internationale. Le monde occidental en est le principal foyer. Il n'est plus à démontrer que l'effondrement de l'Union Soviétique et le démantèlement du mur de Berlin ont considérablement changé la configuration géopolitique mondiale. Ce changement, relève Huntington, avait poussé à l'euphorie car bien des gens avaient cru à l'émergence d'un monde relativement harmonieux, un monde sans heurts. Quelques observateurs de la politique internationale avaient même parlé de la fin de l'histoire. Or, très vite, les

---

[2] S. Huntington, *Le choc des civilisations*, Paris, Ed. O. Jacob, 2000.

conflits ethniques ont fait surface. Le fondamentalisme religieux et les revendicateurs identitaires ont pris des propensions insoupçonnées. Pour expliquer cette escalade de la violence, Huntington fait recours au paradigme civilisationnel qui se fonde sur quatre considérations majeures. Nous assistons en effet ces derniers temps à une plus grande affirmation des unités culturelles et une plus grande prise de consciences des civilisations par les populations. Notre monde est devenu dual. Il se subdivise en une entité occidentale et une multitude d'entités non occidentales. Dans ce macrocosme, les Etats-Unis sont les maîtres de la politique internationale. Les relations entre ces différentes entités sont influencées par des facteurs culturels et civilisationnels. Aussi, le monde vit dans une sorte d'anarchie. Les conflits opposent les Etats ayant des civilisations différentes. Nous ne tendons pas vers ce qu'on pourrait appeler la « mondialisation » au sens où elle signifierait civilisation universelle. C'est tout le contraire. Nous sommes à l'ère des affirmations identitaires et civilisationnelles. Les enjeux des guerres, des crises et d'autres conflits sociaux doivent se décrypter à partir de ce choc des civilisations.

Analysant aussi le monde contemporain, Ramonet en vient à la conclusion que nous vivons dans un monde désenchanté, un monde caractérisé par la remise en question des valeurs et des certitudes traditionnelles sur fond de remarquables bouleversements technologiques et scientifiques. Ces changements se sont accompagnés de fractures de plus en plus importantes entre les populations et entraînent un drame de pauvreté sans précédent.

Pour lui, deux paradigmes permettent de décrire le paysage social et politique du monde. Le paradigme de la communication et le celui du marché. En effet, « la révolution médiatique », grâce à l'action conjuguée du numérique et des politiques des regroupements stratégiques des multinationales a fait de la communication un superpouvoir en face de celui des Etats. Et le marché en tant que lieu d'échange, de vente et de promotion des valeurs est au centre des relations mondiales. Il s'ensuit que le pouvoir s'est déplacé de son lieu traditionnel. Le pouvoir n'est plus politique. Il est dorénavant économique et médiatique. C'est donc un héritage politique millénaire qui se trouve ainsi remis en question[3].

En considérant la logique et les enjeux tout à fait nouveaux de la politique internationale surtout après le 11 septembre, force est de constater avec Percy Kamp[4] qu'aucun de ces paradigmes pris séparément ne permet d'expliquer les phénomènes variés que sont le terrorisme islamiste, les sectes suicidaires, le retour de l'anarchisme, la pyromanie et autres. C'est vrai que l'un ou l'autre paradigme permet de comprendre tel ou tel phénomène mais aucun ne permet de circonscrire et de les mettre tous en relation. D'où l'impression d'un chaos qui semble caractériser l'ordre mondial. Le problème selon Kamp est que ces paradigmes relèvent davantage du domaine des idées. Il s'agit d'un travail « du langage sur le langage ». Ces paradigmes sont plutôt directifs puisqu'ils reflètent

---

[3] Cours de philosophie politique de P. Manwelo, inédit, Faculté de philosophie Saint Pierre Canisius, Kinshasa, 2004.

[4] P. Kamp, « Chaos et cosmos dans l'après-guerre froide », in *Esprit*, octobre 2003, pp. 10-11.

moins les faits que l'intention et la volonté de leurs auteurs.

Nous considérons pour notre part que la géodynamique mondiale actuelle rend compte de deux perspectives de domination et de contrôle de l'espace mondial. Il s'agit de la tendance unilatéraliste et de la tendance multilatéraliste de domination et de contrôle des ressources. Ces deux logiques dictent, orientent et gouvernent la politique globale des Etats et des groupes d'Etats.

Depuis la pertinente analyse de Huntington, nous savons maintenant que les regroupements entre les Etats se font sur base des affinités culturelles et historiques. Les Etats qui se sont regroupés sous l'effet de la contrainte ou par alignement idéologique tendent à se dégrouper. La dynamique du monde est ainsi soutenue par cette tendance interne et irréversible des Etats à fédérer. Toutefois, un Etat arrive toujours à s'élever au-dessus des autres et exerce sa suprématie à l'échelle mondiale pendant une période relativement longue avant de décliner. Néanmoins, ces deux tendances rendent compte de la géodynamique mondiale.

1. Le contrôle des ressources et la domination géostratégique

Une tendance plutôt confortée par les événements laisse penser que les violences et les troubles qui naissent ici et là dans le monde appellent à établir une instance qui assume de manière efficace la fonction de gendarme internationale. Dotée d'une grande puissance de dissuasion et de grandes prérogatives, cette instance est appelée à veiller, à réglementer et à coordonner de manière globale la politique externe de l'ensemble des pays suivant un idéal bien défini. La création de la Société des Nations au lendemain de la première guerre mondiale puis celle de l'Organisation des Nations Unies après la seconde guerre mondiale répondait à cet idéal. Sauf qu'aujourd'hui, cet idéal n'est pas toujours atteint. Il se trouve seulement que chaque Etat, même s'il ne l'avoue pas, caresse le rêve sinon travaille à exercer sa suprématie sur les autres. Les Etats-Unis exercent aujourd'hui une prépondérance sur le monde comme l'avait exercé hier la Grande-Bretagne, la France et dans les temps les plus anciens, l'Empire romain, la Grèce, la Perse, la Babylonie et l'Egypte. Les indices montrent que dans un proche avenir, un autre géant s'élèvera et exercera sa suprématie avant de connaître comme les autres un déclin inexorable.

En fait, la dynamique historique des Etats comme l'était celle des Empires semble trouver dans leur prétention à exercer une hégémonie sur les autres, sa logique interne et sa finalité dernière. Il est arrivé toutefois que deux Etats sinon trois ont exercé concomitamment leur suprématie sur les autre comme tout récemment durant la guerre froide. La volonté secrète de l'une et l'autre grande puissance était de surpasser l'autre. C'est ainsi qu'elles s'investissaient l'une et l'autre à espionner et à contrôler la puissance de l'une et l'autre sur plusieurs les plans.

Ce qui se passe au niveau des Etats est en fait une reproduction à grande échelle de ce qui se passe au plan interindividuel. Dans sa pertinente analyse sur l'origine et les fondements des inégalités parmi les hommes, J. J.

Rousseau soulignait à juste titre que les hommes passent leur temps à se rivaliser pour gagner l'estime et le prestige social. L'humanité doit en effet à cette recherche de la renommée et du prestige sous toutes ses formes, ses plus grands chefs-d'œuvre dans les divers domaines de la vie. L'homme est habité au plus profond de lui par un désir irrésistible d'apporter un plus à l'état historique de sa condition.

Par la conjugaison de différents facteurs historiques, sociaux, politiques et géostratégiques, un Etat ou un groupe d'Etats parvient à mobiliser durant un moment donné de son histoire, le potentiel nécessaire pour assurer son hégémonie sur la scène internationale. En fait, la dynamique profonde de tout Etat est d'étendre au maximum son pouvoir au besoin au-delà de ses frontières, grâce au contrôle et à la gestion de ses ressources et de ses techniques. Dans l'état actuel, la politique expansionniste n'est plus de droit. L'exercice de l'hégémonie passe par le contrôle des zones stratégiques, le flux des capitaux et des ressources naturelles ainsi que par la maîtrise des connaissances, des techniques de pointe et des moyens de communications.

Cet exercice de l'hégémonie se fait de manière unilatérale (moniste) ou de manière multilatérale (*communautarienne*).

Les dirigeants des Etats se rendent de plus en plus compte que pour parvenir à une gestion qualitative des ressources et se prémunir contre les défaillances d'ordre économique et stratégique, les politiques nationales doivent s'harmoniser et s'élaborer suivant des instances extra-étatiques de régulation. Ce n'est pas une simple volonté mais une question de nécessité. On se souvient qu'au sortir de la seconde guerre mondiale, les pays européens ont été forcés de s'associer pour relancer leurs économies. Peu avant, quelques pays avaient décidé de mettre en commun leurs bases de données pour renforcer leur sécurité intérieure. L'Interpol doit sa création à la volonté des pays membres d'assurer une coopération entre les autorités de la police criminelle de chaque Etat et ainsi prévenir à réprimer les infractions de droit commun.

L'enjeu de la sécurité, aggravé par les défis de l'économie, du commerce, du développement et de l'écologie a déplacé le traitement des affaires du niveau national au niveau international. Le regroupement des pays d'Europe au sein de l'Union européenne est la parfaite illustration de cette exigence. Certains pays de l'Amérique du sud (Argentine, Chili, Brésil) ont formé le Mercosur. Le Mexique et le Canada se sont rapprochés économiquement des Etats-Unis à travers l'Alena. Les pays arabes se sont réunis au sein de la Ligue Arabe, ceux de l'Afrique au sein de l'Union africaine. Les sous-groupes se sont encore crées à l'intérieur de ces grands ensembles. On trouve par exemple à l'intérieur de l'Union africaine, l'Union du Maghreb arabe ainsi de suite.

Ces regroupements s'établissent sur fond des affinités historiques et culturelles. L'enjeu géostratégique n'en est pas moindre. Il constitue même le facteur déterminent. L'échiquier mondial est ainsi composé de différents groupes d'Etats plus ou moins unis et géostratégiquement inter-agissants. Chaque pays à l'intérieur de son pôle entretient des relations stratégiques par rapport aux autres Etats eux aussi inclus dans d'autres pôles.

Le monde actuel vit donc le choc frontal entre la perspective unilatérale et la perspective *communautarienne* ou groupale de domination, de contrôle et de gestion des ressources, des capitaux, des compétences et des techniques. Cette modalité des rapports entre les Etats explique les choix stratégiques qu'ils opèrent et les crises qui se forment à travers le monde. La difficulté d'élaborer aujourd'hui une politique d'ensemble en matière d'intervention, même à visée humanitaire, tient aussi à ce poids des rapports entre les Etats.

Par conséquent, l'une des solutions efficaces en matière de l'intervention serait de la laisser prioritairement sous le contrôle du groupe stratégique auquel appartient par affinité et l'histoire du pays concerné. Cette intervention aura alors davantage de chance de porter de fruit plus que si elle était diligentée par un pays quelconque ou par un groupe de pays qui ne partage pas ces affinités et le reste des pesanteurs historiques. Toute intervention entreprise par un pays ou par un groupe de pays qui est loin de partager ces affinités est directement perçue comme une intrusion. Une grande puissance ou l'ensemble des pays qui se disposent pour l'intervention n'agit pas moins dans le but de réaménager sa position géostratégique dans le contrôle des ressources et des opportunités de domination.

Il s'ensuit alors que chaque pays doit travailler à mettre en place ses propres mécanismes de prévention et de résolution des conflits et des catastrophes. La politique des Nations Unies qui consiste à confier systématiquement les missions d'assistance et de résolution des conflits aux pays matériellement et militairement équipés ne rassure plus. D'ailleurs ces missions suscitent de plus en plus des réserves et des réactions. Elles sont vécues dans les pires des cas comme des humiliations et des formes d'impérialisme.

Les dégâts que l'on continue à enregistrer en Irak depuis l'intervention des Etats-Unis et de ses alliés entrent dans cette perspective. Une solution entre les pays arabes sur la question d'Irak aurait pu être possible. La perspective unilatérale de domination et de contrôle des ressources a donné une autre orientation au problème. Le côté sombre dans la procédure des interventions est qu'elles sont diligentées et pilotées par les grandes puissances. Ainsi se maintient et se prolonge même dans les conditions de détresse, la logique inégalitaire d'un monde où vivent de manière stable des dominés et les dominants.

Nous assistons donc à un choc frontal entre les groupes d'Etats aux trajectoires historiques et aux réalités culturelles opposées qui s'expriment sous forme de crises, de menaces et d'attaques de tout genre. Les réserves que certains membres opposaient à l'entrée de la Turquie à l'Union européenne ne tiennent-elles pas de cette opposition des trajectoires historiques ? Bien d'observateurs n'ont pas manqué de relever que le malaise qu'a suscité la requête de la Turquie d'entrer dans l'Union européenne *s'origne* dans l'intrusion, jugée inopportune des catégories islamistes dans la sphère de référence chrétienne de l'Union européenne. En effet, la quasi-totalité des pays membre de l'Union européenne se réclament de la tradition chrétienne. Leur système de valeurs découle bien de la tradition chrétienne, leur droit ainsi que leur système économique et commercial de l'Empire romain tandis que leurs systèmes politiques sont le prolongement du système des idées politiques de la Grèce antique. Dans le microcosme que forme l'Union européenne, la Turquie aurait pu être la touche grise qui paradoxalement casserait l'uniformité plate qui empêche de concevoir un monde parfaitement globalisé et en même temps diversifié.

2. Pour une nouvelle éthique des rapports interétatiques

L'inégale répartition des ressources, des techniques et des compétences ainsi que l'inégal pouvoir de domination entre les Etats doit être corrigée par une éthique de responsabilité.

Le bastion de la souveraineté des Etats ne tient encore fort dans le droit international que pour limiter un tant soit peu, la tendance expansionniste des Etats. Cette logique de la politique de Westphalie est malheureusement encore loin de céder le pas à la nouvelle logique des relations internationales. Ce juridisme régalien ne doit aucunement empêcher de prendre au sérieux les différentes formes de violence et d'abus commis à l'encontre d'une grande portion de l'humanité. Les violations des droits humains exigent de réinterpréter le droit international. En effet, le vide qu'il laisse sur certains aspects de la protection de la personne requiert aujourd'hui plus qu'hier une attention particulière. Ceci explique bien qu'il est un construit humain. Et comme tel, il est soumis à une évolution suivant les contextes et les circonstances.

L'ingérence humanitaire constitue à n'en point douter une exigence sociale. Le problème qu'elle soulève n'est pas seulement celui de sa conformité avec le corpus juridique international. Il pose dans les faits la nécessité réelle de préserver et de protéger la nature humaine des atrocités de tous genres. Il s'agit donc de faire arrimer le droit à l'éthique.

L'idée de l'ingérence de la part des Etats ne manque pas un brin d'intérêt et de calcul. Elle laisse surtout se profiler la loi du plus fort. Elle est donc bien la conséquence de l'exercice de la puissance[5]. Pour tempérer cet aspect, il faudrait soumettre les rapports interétatiques à l'exigence éthique. Il importe de soumettre les interventions reconnues humanitaires à la norme éthique. C'est à cette seule condition que les ingérences humanitaires seront exemptes des pesanteurs idéologiques et géostratégiques. En effet, le volume important des capitaux et le poids énorme de la logistique à déployer dans ces interventions font que les grandes puissances exercent un réel poids dans leur déclenchement.

Dans l'OTAN, il y a des pays qui détiennent le monopole de fourniture d'équipements militaires, d'autres des munitions et d'autres encore assurent la logistique. L'incidence financière dans le déclenchement d'une intervention n'est donc pas moindre.

La priorité doit être laissée aux unités régionales de gestion et de résolution des crises. Ce n'est pas tant dire

---

[5] F. Orban-Ferauge & L. Saur, « Le droit d'ingérence dans les relations internationales », in *Pour une éthique de l'ingérence. Quelles limites à l'ingérence,* op. cit. p. 3.

que ces unités manquent de volonté de suprématie et de dominations sur les autres. Mais la communauté des biens et d'intérêts, la préservation des équilibres régionaux poussent à trouver des solutions plus réalistes et plus originales, le destin commun obligeant. D'où l'intérêt de favoriser et de consolider l'intégration sous régionale et de créer davantage des mécanismes au service de la justice sociale et au développement durable.

Conclusion

L'action humanitaire consacre l'idée que l'homme seul ou en communauté est la finalité essentielle de la politique des Etats et de toutes les institutions internationales. Cette nouvelle conception de l'homme marque un véritable changement en cours dans les structures de la pensée. Et les populations disposent de nos jours davantage de moyens pour venir en aide aux victimes de par le monde. Elles demandent à leurs gouvernants de trouver les structures adaptées de solidarité pour contribuer plus efficacement au mieux-être et au mieux-vivre de l'ensemble des populations sans distinction. Le Saint-Siège encourage fortement cet investissement pour la charité. Saint Jean Paul II notait à juste titre que « l'homme est la première route et la route fondamentale de l'Eglise, route tracée par le Christ lui-même ». Le rôle fondamental des institutions internationales est de rappeler avec instance que l'organisation des sociétés a pour finalité un mieux-être humain. Tel est l'horizon final de toute action collective.

Dans notre monde, devenu village planétaire, l'agir collectif soutenu par le devoir de solidarité exige de plus en plus aux gouvernants de rendre compte de leur manière gérer le patrimoine commun. L'interdépendance des Etats, le respect des droits de l'homme et la nouvelle conception du principe de solidarité ne concèdent plus aux Etats le « droit à l'indifférence ».

L'inégale répartition des ressources, des techniques et des compétences ainsi que l'inégal pouvoir de domination entre les Etats pourrait être corrigée par une éthique de responsabilité.

En effet, le choc frontal que connaît le monde entre la perspective unilatérale et la perspective *communautarienne* ou groupale de domination, de contrôle et de gestion des ressources, des capitaux, des compétences et des techniques maintient les Etats en position constante d'adversité. Ce rapport de conquêtes stratégiques entre les Etats explique pour une grande part le déferlement de violence et d'agitation à travers le monde sous la forme de revendications identitaires et d'affirmation des idiomes et des schèmes culturels. L'élaboration d'une politique d'ensemble doit prendre en compte ces pesanteurs.

Ces problèmes constituent à n'en point douter des appels du pied pour l'élaboration d'un nouveau corpus législatif international qui reflète aussi les attentes des peuples et des Nations dans leurs historicités et contextes spécifiques, fondées sur une approche dynamique et toujours plus originale du bien le plus universel : l'homme.

Bibliographie sélective

LIVRES

Benoit XVI, *Deus caritas est*, 2005

Bettati M., *Introduction et commentaires au Droit humanitaire*, coll. Points Essai, Paris, Ed. du Seuil, 2000.

Bettati M., & Kouchner B., *Devoir d'ingérence : Peut-on les laisser mourir ?* Ed. Denoël, 1987.

Bible de Jérusalem, Editons du Cerf-Verbum Bible, Rome, 1999.

Bokouamanga H., *L'ingérence humanitaire*, Mémoire de fin d'études, inédit, Institut de Théologie Jésuite, Abidjan, 2007.

Brauman R., *L'action humanitaire*, Flammarion, Paris, coll. « Dominos », 1995.

Cabrillac R., *Liberté et droits fondamentaux*, Paris, Dalloz, 1999.

Charvin, R., & Sueur J.-J., *Droits de l'homme et libertés de la personne*, Paris, Litec, 2e édition, 1997.

Commission Justice et Paix, *Pour une éthique de l'ingérence. Quelles limites à l'ingérence ?* octobre 2002.

Concile Vatican II, *Gaudium et spes*, 1965.

Dailler P., & Pellet A., *Droit international public*, librairie générale de droit et de jurisprudence, Paris, 1994.

Defois G., *Paul VI, prendre partie pour l'homme*, Le Centurion, 1977.

Demauge Bost A., *Mémoire de fin d'étude*, inédit, Institut d'Etudes Politiques de Lyon.

Dictionnaire Le Littré

Dupuy R., J., *Humanité et droit international*, Paris, Pedone, 1991.

Gandou D'Isseret C. G., *Sur les pas des philosophes. Le défi de penser*, Paris L'Harmattan, 2009.

Grotius H., *Le droit de la guerre et de la paix*, Paris, PUF, 1999.

Hadas-Lebel M., *Hillel : Un sage au temps de Jésus*, Albin Milchel, 2005.

Huntington S. P., *Le Choc des civilisations*, Paris, O. Jacob, 2000.

Jean Paul II, *Evangelium vitae*, 1995.

Jean Paul II, *Redemptor Hominis*, 1979.

Jean Paul II, *Sollicitudo rei socialis*, 1987.

Jean XXIII, *Mater et Magistra*, 1961.

Lanotte O., *L'opération Turquoise au Rwanda : intervention humanitaire ou nouvel avatar de la politique africaine de la France ?* Louvain-la-Neuve, UCL, Département des Sciences Politique et Sociales, coll. « Notes et études de l'Unité des Relations internationales », n° 8, 1996.

Le préambule du statut de Rome de la Cour Pénale Internationale.

Loyola I., (De), *Exercices spirituels*, Desclée de Brouwer Bellarmin, coll. Christus, 1986.

Makosso C. A., & Mongo M., (dir) *La diplomatie civile et humanitaire. La dynamique guerre et la paix en Afrique. Actes du colloque des experts à la VIe Conférence de la Mission de paix* *des Premières Dame d'Afrique,* Brazzaville, février 2008, Géo-Ecostrapol, L'Harmattan, 2008.

Paul VI, *Populorum Progressio,* 1967.

Rapport de la Commission de l'intervention et de la souveraineté des Etats. La responsabilité de protéger, Ottawa, CRDI, décembre 2001.

Robert J., & Duffar J., *Droits de l'homme et libertés fondamentales,* Paris, Montchretien, coll. « Précis Domat », 6e édition, 1995.

Salmon J., *Dictionnaire de droit international public,* Bruxelles, Bruylant, 2001.

Scelle G., *Droit international public,* Paris, Domat Montchrestien, 1944.

Talmud de Babylone, *Shabbath,* 31.

Taylor C., *Les sources du moi,* Paris, Seuil, 1998.

Taylor C., *Malaises de la modernité,* Paris, Cerf, 2002.

Tordorov T., *Mémoire du mal, tentation du bien. Enquête sur le siècle,* Paris, R. Laffont, 2000.

Verhoeven, *Droit international public,* Bruxelles, Larcier, 2000.

Wilde d'Estmaeil T., (de) *Géopolitique, synthèse du cours,* Louvain-la-Neuve, Département des Sciences politiques et sociales, Unité de Sciences politiques et de Relations internationale, Diffusion universitaire Ciaco, année académique, 2001-2002.

ARTICLES ET REVUES

Bettati M., « Souveraineté et assistance humanitaire » in *Mélange R. J. Dupuy et droit international,* Paris, Pedone, 1991.

Brauman, R., « Contre l'humanitaire » in Esprit, décembre 1991.

Brunel S., « L'humanitaire, nouvel acteur des relations internationales » in **Bonface P.**, (dir), *Dix années qui ébranlèrent le monde, la revue internationale,* XLI, Paris, Printemps, 2001.

Bujon l'Estagn (de) F., « Ingérence humanitaire et diplomatie » in *Revue des Deux monde,* juin, 1993.

Corten O., « La sécurité collective, un rêve contrarié », Le Monde diplomatique, septembre 2005, n° 618.

Delcourt B., « Souveraineté de l'Etat versus droits de l'homme ? Une apparente contradiction », in *Pour une éthique de l'ingérence. Quelles limites de l'ingérence.* Commission Justice et Paix, 2002.

Documentation catholique, n° 2217, 2 janvier 2000.

Fukuyama F., « La fin de l'Histoire ? »

Gandou D'Isseret G., « Les enjeux des migrations à l'époque contemporaines », in Afrique d'Espérance, n° 3, 2003, Année XXVI.

Garrigue P., « Action humanitaire », in *Encyclopédia Universalis,* 2000.

Guichonnet P., « Dunant Henri », in *Encyclopedia Universalis,* 2000.

http://www.onuci.org/contexte/html, United Nations Operation in Cote d'Ivoire 2006.

Jean Paul II, Allocution à l'occasion de la cérémonie des voeux le 16 janvier 1993.

Jean Paul II, Conférence internationale sur la nutrition, Rome, le 5 décembre 1992.

Joblin J. « A propos du droit d'ingérence humanitaire », in Observatore Romano, 5, 2 février 1993.

Kamp P., « Chaos et cosmos dans l'après-guerre froide » in Esprit, octobre 2003.

Lavaud C., « L'ingérence comme éthique de détresse », in *Vous avez dit ingérence,* France Groupe, TI-Editions du Griot, 1994.

Le Monde diplomatique, n° 618, septembre 2005.

Lief G., « Le droit d'ingérence humanitaire », *in Vous avez dit ingérence,* France-Groupe TI-Editions Griot, 1994.

Mekonnodji Nadingam M., *Rapport d'activités du secteur éducation dans les camps des réfugiés soudanais à l'Est du Tchad,* janvier-avril 2005.

Nau J.-Y., « Le prix Nobel de la paix a été attribué à « Médecins sans frontières », in Le Monde, 16 octobre 1999.

Revue Internationale de la Croix-Rouge n° 787, janvier-février 1991.

Senarclens, « Le droit d'ingérence est inutile et sa rhétorique peut-être néfaste », in Défense nationale, mars 2000.

Torelli M., « De l'assistance à l'ingérence humanitaire ?», in Revue internationale de la Croix-Rouge, 1795 (74), 1992.

Table des matières

Questions juridiques
aux éditions L'Harmattan

Dernières parutions

DIVORCE (LE) DU CHEF D'ENTREPRISE
Artiste, libéral, artisan, commerçant, actionnaire
Se marier, payer, divorcer
Rond Patrice
Patrice Rond, expert financier auprès des tribunaux, donne dans cet ouvrage les clés incontournables qui permettent à un entrepreneur, quel qu'il soit, d'anticiper sur ses droits et ses risques en cas de divorce. Prendre les bonnes décisions de protection de son patrimoine en choisissant les bons contrats de mariage, savoir changer de régime matrimonial quand il s'avère inadapté est tout à fait possible et souhaitable.
(16.50 euros, 158 p.)
ISBN : 978-2-343-05282-3, ISBN EBOOK : 978-2-336-36540-4

L'EXPERTISE NON JUDICIAIRE À L'AUNE DES DROITS FONDAMENTAUX
Goujon-Bethan Thibault
L'expertise déjudiciarisée est en plein essor, d'une part parce que l'avis d'experts se révèle indispensable dans un nombre croissant de matières juridiques irriguées par la technique (construction, dommage corporel), et d'autre part, car la recherche d'une efficacité économique conduit à minimiser le recours au juge. Cet ouvrage est conçu comme un mode d'emploi pour aider à la décision.
(Coll. Droit privé et sciences criminelles, 21.00 euros, 196 p.)
ISBN : 978-2-343-05335-6, ISBN EBOOK : 978-2-336-36778-1

TRANSPARENCE (LA) FINANCIÈRE DES ÉLUS POLITIQUES FRANÇAIS
Les conséquences des mesures législatives de 2013
Cael Céline - Préface de Sébastien Jakubowski ; postface de Pierre-Yves Néron
Cet ouvrage veut étudier les apports des lois et dispositifs mis en œuvre pour lutter contre la corruption depuis l'affaire Cahuzac, avec notamment la mise en place d'une haute Autorité pour la Transparence de la Vie Publique, le durcissement des conditions d'éligibilité, l'encadrement du *lobbying*, la naissance d'un procureur financier,... L'auteur analyse les conséquences de ces mesures et rend compte à l'aide d'entretiens d'élus politiques, des résistances de ces derniers à une publicité financière envers les citoyens.
(Coll. Logiques sociales, 21.00 euros, 214 p.)
ISBN : 978-2-343-05013-3, ISBN EBOOK : 978-2-336-36817-7

QUI A PEUR DE LA NOUVELLE PEINE SANS PRISON ?
Ajouter du «lien» et non du «rang» pour réussir la contrainte pénale et en finir avec la récidive
Delamotte Danielle
La contrainte pénale, nouvelle peine sans prison, fait peur. Car, ce qu'on retient d'elle, c'est qu'elle évite la prison. Le sujet est pourtant plus complexe et plus nuancé. Les psychologues et les criminologues s'accordent à dire que la délinquance est la maladie du lien. Pour soigner cette maladie, il faut s'intéresser à la personne et la placer au centre de la réflexion pour envisager la «contrainte pénale» sous un autre angle.
(11.50 euros, 86 p.)
ISBN : 978-2-343-04717-1, ISBN EBOOK : 978-2-336-36487-2

JUSTICE (LA) PÉNALE INTERNATIONALE EN AFRIQUE
Aspects juridiques, défis et perspectives
Diakité Kémoko - Préface du professeur Alioune Sall
Cet ouvrage met en exergue le contexte de création ainsi que les aspects juridiques et judiciaires des juridictions pénales internationales en Afrique, notamment le TPIR (Tribunal Pénal International pour le Rwanda), la CPI (Cour Pénale Internationale)... Il montre également les défis et les perspectives de la Justice pénale internationale en Afrique.
(23.00 euros, 234 p.)
ISBN : 978-2-343-05050-8, ISBN EBOOK : 978-2-336-36705-7

GOUVERNANCE, ENJEUX ET MONDIALISATION
Recherche sur les politiques environnementales de zonage maritime
Le challenge maritime de la France de Méditerranée et d'Outre-mer
Sous la direction de François Féral et Bernard Salvat
Dans le Pacifique et l'Océan Indien, la France ne participe pas très activement au mouvement de création d'aires marines protégées géantes alors que les possibilités y sont grandes. En métropole et Outre-mer, la mise en place des parcs naturels marins apparaît laborieuse. Le programme Gouvernance des Grandes Aires Marines Protégées a donné l'occasion à deux équipes de se pencher sur ce phénomène institutionnel majeur dans la conduite globale des politiques de protection des mers et des océans.
(23.00 euros, 218 p.)
ISBN : 978-2-343-04160-5, ISBN EBOOK : 978-2-336-36489-6

COLLECTIVITÉS TERRITORIALES ET ORGANISATIONS RÉGIONALES
De l'indifférence à l'interaction
Sous la direction de Danielle Perrot
Cet ouvrage traite des modes d'insertion des collectivités territoriales dans des organisations internationales conçues par leurs États de rattachement dans diverses régions du monde. Ces collectivités, ou «entités infra-étatiques» selon le droit international, sont souvent oubliées lors des débuts de ces constructions régionales. Elles tentent d'obtenir d'être représentées, et leur participation peut générer une interaction moins inégalitaire.
(Coll. Grale, 47.00 euros, 488 p.)
ISBN : 978-2-343-05111-6, ISBN EBOOK : 978-2-336-36639-5

ÉTHIQUE (L') DE L'AVOCAT PÉNALISTE
Rude-Antoine Edwige
Préface de Jean Danet
L'avocat est représenté, dans la fiction, sous les traits d'un être ambigu, sans cesse sur le fil... ce livre tente d'en approcher la réalité, qui est tout autre. Quelles relations d'ordre éthique l'avocat entretient-il avec lui-même mais aussi avec l'autre : son client, qu'il soit prévenu ou accusé, les jurés, les magistrats ? Peut-on parler du rapport de l'avocat à la vérité ? Comment peut-il construire des lignes de défense tout en restant partenaire de justice ?
(Coll. Éthique en contextes, 21.00 euros, 208 p.)
ISBN : 978-2-343-05222-9, ISBN EBOOK : 978-2-336-36460-5

NAISSANCE DE L'OBSERVATOIRE DE LA RÉCIDIVE ET DE LA DÉSISTANCE
Un long processus inachevé
Tournier Pierre V.
L'analyse de la récidive aurait logiquement dû relever de la compétence de l'Observatoire national de la délinquance et des réponses pénales placé sous l'autorité du Premier ministre. Mais sous l'impulsion de Christiane Taubira le choix s'est porté sur la création d'un observatoire *ad hoc* de plus, dépendant du ministère de la Justice : l'Observatoire de la récidive et de la désistance (août 2014). Ne s'est-on pas ainsi privé des outils d'une évaluation indépendante de la loi du 15 août 2014 sur la contrainte pénale et la libération sous contrainte ?
(Coll. Criminologie, 19.00 euros, 184 p.)
ISBN : 978-2-343-05118-5, ISBN EBOOK : 978-2-336-36387-5

ÉLÉMENTS DE PRÉVENTION DU CRIME
Lemaître André
Cet ouvrage montre la diversité des modèles de prévention de la délinquance, leur spécificité mais aussi leur nécessaire complémentarité. Il insiste également sur l'obligation de veiller aux aspects éthiques des politiques de prévention mises en place. En effet, l'utopie d'une société débarrassée de toute forme de criminalité contient la disparition de toute liberté.
(Coll. Sciences criminelles, série Controverses, 15.50 euros, 160 p.)
ISBN : 978-2-343-04666-2, ISBN EBOOK : 978-2-336-36324-0

SEXUALITÉ (LA) À L'ÉPREUVE DU COUPLE
Les révélations d'une avocate
Dalbin Agnès
Dans la majorité des divorces, les difficultés d'ordre sexuel sont souvent pointées du doigt comme une cause majeure de la rupture. S'appuyant sur les confidences recueillies lors de ses entretiens avec les couples qui divorcent, l'avocate Agnès Dalbin tente d'apporter son éclairage personnel sur cette problématique. Ce livre évolue comme une véritable histoire humaine, du mariage au divorce, en passant par la parentalité et l'après-divorce.
(Coll. La justice au quotidien, 13.50 euros, 118 p.)
ISBN : 978-2-343-04938-0, ISBN EBOOK : 978-2-336-36399-8

DROIT (LE) DU HANDICAP ET LA GESTION DU PATRIMOINE CULTUREL
Vers un modèle européen ?
B. Degros Eric
La rencontre entre le droit du handicap et le droit du patrimoine peut conduire à une confrontation d'intérêts contradictoires, nécessitant de trouver un équilibre entre le principe de l'accessibilité et le respect de l'authenticité, en faveur d'une conservation durable du patrimoine culturel. Il apparaît essentiel de trouver un équilibre entre «le droit des gens» et celui «des pierres».
(40.00 euros, 424 p.)
ISBN : 978-2-343-04418-7, ISBN EBOOK : 978-2-336-36269-4

DROIT BANCAIRE ISLAMIQUE
Notions, mécanismes et protections pénales
Jafari Amin
Conçu comme un manuel de droit, l'ouvrage étudie trois thèmes principaux : la notion de finance islamique et son fonctionnement, les instruments bancaires islamiques et enfin la protection du système bancaire dans l'ensemble de ses instruments et fonctionnements. La 3e partie propose un regard classique de droit pénal des affaires en matière de droit bancaire de finance islamique. Les branches chiite et sunnite de la finance islamique ont été distinguées dès le départ, permettant ainsi une comparaison tout au long du livre.
(Coll. Sciences criminelles, 33.00 euros, 326 p.)
ISBN : 978-2-343-04637-2, ISBN EBOOK : 978-2-336-36380-6

DROIT (LE) INTERNATIONAL. ASPECTS POLITIQUES (Volume 1)
Sous la direction de Jacques Bouineau
Textes réunis par Burt Kasparian
Ces contributions invitent à réfléchir sur la recomposition contemporaine de l'espace méditerranéen et sur le droit international qui s'y applique, à partir d'exemples tirés des plus grandes civilisations méditerranéennes aux époques antique et médiévale. Elles invitent le lecteur à s'interroger sur les piliers de la Méditerranée dans le jeu des relations entre les hommes et les institutions, et à découvrir l'essence des réponses juridiques et politiques.
(Coll. Méditerranées, 16.50 euros, 158 p.)
ISBN : 978-2-343-04661-7, ISBN EBOOK : 978-2-336-36366-0

DROIT (LE) INTERNATIONAL. ASPECTS POLITIQUES (Volume 2)
Sous la direction de Jacques Bouineau
Textes réunis par Burt Kasparian
Ce volume offre une réflexion sur la recomposition de l'espace méditerranéen contemporain à partir de l'histoire ou de l'actualité. L'histoire est traitée de la période qui s'étend de la Renaissance à la fin du XIXe siècle. En ce qui concerne l'actualité, le jeu des emprunts et des modèles juridiques transparaît aussi bien dans la fiscalité internationale actuelle que dans les transpositions constitutionnelles du droit français en Égypte ou dans l'observation du fonctionnement de l'Europe.
(Coll. Méditerranées, 19.00 euros, 184 p.)
ISBN : 978-2-336-30904-0, ISBN EBOOK : 978-2-336-36367-7

L'HARMATTAN ITALIA
Via Degli Artisti 15; 10124 Torino

L'HARMATTAN HONGRIE
Könyvesbolt ; Kossuth L. u. 14-16
1053 Budapest

L'HARMATTAN KINSHASA
185, avenue Nyangwe
Commune de Lingwala
Kinshasa, R.D. Congo
(00243) 998697603 ou (00243) 999229662

L'HARMATTAN CONGO
67, av. E. P. Lumumba
Bât. – Congo Pharmacie (Bib. Nat.)
BP2874 Brazzaville
harmattan.congo@yahoo.fr

L'HARMATTAN GUINÉE
Almamya Rue KA 028, en face
du restaurant Le Cèdre
OKB agency BP 3470 Conakry
(00224) 657 20 85 08 / 664 28 91 96
harmattanguinee@yahoo.fr

L'HARMATTAN MALI
Rue 73, Porte 536, Niamakoro,
Cité Unicef, Bamako
Tél. 00 (223) 20205724 / +(223) 76378082
poudiougopaul@yahoo.fr
pp.harmattan@gmail.com

L'HARMATTAN CAMEROUN
BP 11486
Face à la SNI, immeuble Don Bosco
Yaoundé
(00237) 99 76 61 66
harmattancam@yahoo.fr

L'HARMATTAN CÔTE D'IVOIRE
Résidence Karl / cité des arts
Abidjan-Cocody 03 BP 1588 Abidjan 03
(00225) 05 77 87 31
etien_nda@yahoo.fr

L'HARMATTAN BURKINA
Penou Achille Some
Ouagadougou
(+226) 70 26 88 27

L'HARMATTAN SÉNÉGAL
10 VDN en face Mermoz, après le pont de Fann
BP 45034 Dakar Fann
33 825 98 58 / 33 860 9858
senharmattan@gmail.com / senlibraire@gmail.com
www.harmattansenegal.com

L'HARMATTAN BÉNIN
ISOR-BENIN
01 BP 359 COTONOU-RP
Quartier Gbèdjromèdé,
Rue Agbélenco, Lot 1247 I
Tél : 00 229 21 32 53 79
christian_dablaka123@yahoo.fr

Achevé d'imprimer par Corlet Numérique - 14110 Condé-sur-Noireau
N° d'Imprimeur : 122908 - Dépôt légal : octobre 2015 - *Imprimé en France*

www.ingramcontent.com/pod-product-compliance
Lightning Source LLC
LaVergne TN
LVHW021228061026
849535LV00008B/2975